走进大学
DISCOVER UNIVERSITY

什么是哲学？

WHAT IS PHILOSOPHY?

林德宏 刘鹏 主编

大连理工大学出版社
Dalian University of Technology Press

图书在版编目(CIP)数据

什么是哲学？/ 林德宏，刘鹏主编．--大连：大连理工大学出版社，2021.9
ISBN 978-7-5685-3000-2

Ⅰ.①什… Ⅱ.①林…②刘… Ⅲ.①哲学理论—通俗读物 Ⅳ.①B-49

中国版本图书馆 CIP 数据核字(2021)第 071870 号

什么是哲学？ SHENME SHI ZHEXUE?

出 版 人：苏克治
责任编辑：于建辉
责任校对：周　欢
封面设计：奇景创意

出版发行：大连理工大学出版社
　　　　　（地址：大连市软件园路 80 号，邮编：116023）
电　　话：0411-84708842（发行）
　　　　　0411-84708943（邮购）　0411-84701466（传真）
邮　　箱：dutp@dutp.cn
网　　址：http://dutp.dlut.edu.cn

印　　刷：辽宁新华印务有限公司
幅面尺寸：139mm×210mm
印　　张：5.75
字　　数：104 千字
版　　次：2021 年 9 月第 1 版
印　　次：2021 年 9 月第 1 次印刷
书　　号：ISBN 978-7-5685-3000-2
定　　价：39.80 元

本书如有印装质量问题，请与我社发行部联系更换。

出版者序

高考,一年一季,如期而至,举国关注,牵动万家!这里面有莘莘学子的努力拼搏,万千父母的望子成龙,授业恩师的佳音静候。怎么报考,如何选择大学和专业?如愿,学爱结合;或者,带着疑惑,步入大学继续寻找答案。

大学由不同的学科聚合组成,并根据各个学科研究方向的差异,汇聚不同专业的学界英才,具有教书育人、科学研究、服务社会、文化传承等职能。当然,这项探索科学、挑战未知、启迪智慧的事业也期盼无数青年人的加入,吸引着社会各界的关注。

在我国,高中毕业生大都通过高考、双向选择,进入大学的不同专业学习,在校园里开阔眼界,增长知识,提

升能力，升华境界。而如何更好地了解大学，认识专业，明晰人生选择，是一个很现实的问题。

为此，我们在社会各界的大力支持下，延请一批由院士领衔、在知名大学工作多年的老师，与我们共同策划、组织编写了"走进大学"丛书。这些老师以科学的角度、专业的眼光、深入浅出的语言，系统化、全景式地阐释和解读了不同学科的学术内涵、专业特点，以及将来的发展方向和社会需求。希望能够以此帮助准备进入大学的同学，让他们满怀信心地再次起航，踏上新的、更高一级的求学之路。同时也为一向关心大学学科建设、关心高教事业发展的读者朋友搭建一个全面涉猎、深入了解的平台。

我们把"走进大学"丛书推荐给大家。

一是即将走进大学，但在专业选择上尚存困惑的高中生朋友。如何选择大学和专业从来都是热门话题，市场上、网络上的各种论述和信息，有些碎片化，有些鸡汤式，难免流于片面，甚至带有功利色彩，真正专业的介绍文字尚不多见。本丛书的作者来自高校一线，他们给出的专业画像具有权威性，可以更好地为大家服务。

二是已经进入大学学习，但对专业尚未形成系统认知的同学。大学的学习是从基础课开始，逐步转入专业基础课和专业课的。在此过程中，同学对所学专业将逐步加深认识，也可能会伴有一些疑惑甚至苦恼。目前很多大学开设了相关专业的导论课，一般需要一个学期完成，再加上面临的学业规划，例如考研、转专业、辅修某个专业等，都需要对相关专业既有宏观了解又有微观检视。本丛书便于系统地识读专业，有助于针对性更强地规划学习目标。

三是关心大学学科建设、专业发展的读者。他们也许是大学生朋友的亲朋好友，也许是由于某种原因错过心仪大学或者喜爱专业的中老年人。本丛书文风简朴，语言通俗，必将是大家系统了解大学各专业的一个好的选择。

坚持正确的出版导向，多出好的作品，尊重、引导和帮助读者是出版者义不容辞的责任。大连理工大学出版社在做好相关出版服务的基础上，努力拉近高校学者与读者间的距离，尤其在服务一流大学建设的征程中，我们深刻地认识到，大学出版社一定要组织优秀的作者队伍，用心打造培根铸魂、启智增慧的精品出版物，倾尽心力，

服务青年学子，服务社会。

"走进大学"丛书是一次大胆的尝试，也是一个有意义的起点。我们将不断努力，砥砺前行，为美好的明天真挚地付出。希望得到读者朋友的理解和支持。

谢谢大家！

2021 年春于大连

前　言

哲学是一门很古老的学科。中国有老子、孔子、墨子、庄子等先秦诸子，古希腊有苏格拉底、柏拉图、亚里士多德哲学三贤。哲学至今仍充满朝气、名家辈出。特别是马克思主义哲学的诞生和发展，使哲学发展进入了崭新的阶段。

在我国高校中，哲学系大多是比较小的系，师生人数不算多。我们不妨说哲学是一门小学科。但"小"中有"大"。哲学研究的范围比任何一门学科都更为广大。小到物质的基本结构，大到浩瀚无边的宇宙，自然、社会、人类思维以及自然科学、社会科学、技术与文化都在哲学的思索之中。哲学是一门特殊的学科，具有特殊的魅力。

哲学这门小学科，讲的却是大道理，闪耀的是大智慧。物质与精神的关系，是哲学的基本问题，是最普遍、最深刻的学问。从哲学的层面讲，人是物质实体与精神

主体的统一。人有双重生命：物质生命与精神生命。所以人有物质需要，也有精神需要；有物质欲望，也有精神追求；有物质力量，也有精神力量；既创造了物质文明，也创造了精神文明。人类所有的创造活动，甚至一切行为，都是物质与精神的相互转化。你想正确认识事物，就要使精神同它所反映的物质一致；你想成功地工作，就要善于在一定的条件下使物质变精神，精神变物质。这就是人生的真谛。

物质与精神两方面协调互动，人类才能生存与发展。这是人类社会发展的基本规律。要实现物质与精神的互动与协调，首先需要的是哲学的头脑。

哲学使我们自身不断超越和升华。超越自己知识与经验的局限，超越眼前物质生活的限制，使我们的思维能力和品格不断地提高，具有远见卓识，满怀博爱之心，成为有理想、有作为的人。

这就是哲学的使命。

本书编写分工如下：林德宏编写"世界观的学问"以及"哲学的历史"中的"马克思主义哲学的辉煌"；刘鹏编写"哲学的现状与未来"中的"哲学的未来"以及"学哲学、用哲学"；代玉民编写"哲学的历史"中的"中国哲学的历史演进"以及"哲学的现状与未来"中的"中国优秀传统文化的当代传承与发展"；胡星铭编写"哲学的历史"中的"西方的哲学与哲学家"以及"哲学的现状与未来"中的

"当代西方哲学思潮";黄玮杰编写"哲学的现状与未来"中的"马克思主义哲学的当代发展"。全书由林德宏、刘鹏统稿并最后定稿。

编　者
2021 年 4 月

目 录

世界观的学问 / 1
  哲学就在我们身边 / 1
  大众生活的哲理 / 6
  真正的哲学是时代精神的精华 / 13
  哲学概念:抽象的抽象 / 16
  哲学是知识,也是信仰 / 20
  哲学与科学的互动 / 23
  哲学:认识的超越 / 32
  哲学:品性的升华 / 38
  只要认真,便可学好 / 45

哲学的历史 / 48
  马克思主义哲学的辉煌 / 48
  中国哲学的历史演进 / 66
  西方的哲学与哲学家 / 75
    什么是西方哲学? / 75

著名西方哲学家 / 76

哲学的现状与未来 / 90
　马克思主义哲学的当代发展 / 90
　　马克思主义哲学在当代西方的发展 / 92
　　马克思主义哲学在当代中国的发展 / 95
　　马克思主义哲学在当代发展的启示 / 101
　中华优秀传统文化的当代传承与发展 / 103
　　哲学路线 / 104
　　历史路线 / 110
　当代西方哲学思潮 / 115
　　分析哲学 / 115
　　欧陆哲学 / 120
　　实用主义 / 125
　哲学的未来 / 126

学哲学、用哲学 / 141
　作为学科的哲学 / 141
　　哲学学习：从学园走向大学 / 142
　　小但重要的哲学学科 / 143
　　中国大学的哲学专业 / 146
　　中国大学的哲学专业招生 / 149
　大学中的哲学专业学习 / 151
　　培养目标 / 152
　　课程体系 / 154
　　研究型培养模式 / 156
　　国际化的学术训练 / 157

本研贯通的人才培养模式 / 157
学了哲学能做什么 / 159
哲学毕业生都去哪了？ / 159
意想不到的哲学专业毕业生 / 160
哲以成人 / 162

参考文献 / 164

"走进大学"丛书拟出版书目 / 167

世界观的学问

根越深,树越高。
哲学:根的智慧。

一提起哲学,有人会觉得它太抽象,不好懂;再说,哲学跟自己也没什么关系。

哲学的确抽象,有的哲学著作的确难懂。但只要认真阅读、认真思索,每个人都能读懂一些,都会有体会、有收获。有的哲学著作也比较通俗,如艾思奇先生的《大众哲学》。至于说哲学跟自己没关系,那是误解。

▶▶ 哲学就在我们身边

矛盾是世界的生命,
世界是矛盾的作品,
问题是思想的种子。

---

* 本书未署名格言为林德宏原创。

在大自然中,在人类社会中,在我们的认识和活动中,处处都有哲学问题,事事都蕴含着一定的哲学道理。可以说,我们一直生活在哲学世界中,哲学就在我们身边。

我们每天的日常生活也许非常普通,但只要认真思考一下,就不难碰到哲学问题,发现其中的哲学道理。

早晨醒来,你也许依稀记得自己做了个梦,似清楚又不清楚。那么,人为什么会做梦,真的是日有所思、夜有所梦吗?可是不少梦同自己的生活根本不相干。那梦是真实的吗?梦中的我还是我吗?梦是一种预兆吗?人生的经历会有预兆吗?"人生如梦"的说法对不对?梦游是怎么回事?人在梦游中有意识吗?人能对自己梦游中的行为负责吗?

打开手机,看看天气预报。我们会觉得天气预报经常不准,预报也变来变去。听说天气预告是件十分复杂的事。南京大学气象系有位教师曾经调侃说:"报不报由我,信不信由你,下不下由天。"果真是"天有不测风云"吗?那么多的专家研究了那么多年,连是否会下雨都不容易报准,那气象学是科学吗?什么叫科学,我们现有的科学对自然界究竟认识了多少?为什么古人会求雨?为什么自然界的变化会这么复杂?这种复杂性从何而来?世界可以认识吗?我们能认识到什么程度?

看窗外,太阳已经升起来了,阳光灿烂。这时你也许会想到,明天的太阳还会升起吗?你一定会肯定这点。凭什么肯定呢?也许你会脱口而出:"因为太阳每天都升起。"可是你想过没有,你所说的"每天",只是过去的每天,过去每天升起,就一定能保证明天会升起吗?"过去"天天如此,只是对以往经验的总结,却不能成为"将来"天天如此的理由。

过去一个星期,人们看到的天鹅毫无例外,都是白的,于是就认为"凡天鹅都是白的"。可是后来发现了一只黑天鹅,就推翻了这个结论。即使我们一连看了10万只白天鹅,也不能保证你看到的下一只天鹅一定是白的。有位专家曾编了一个笑话:圣诞节前,一位先生买了只火鸡养在家里,每天早晨喂它吃食,天天如此;这只火鸡就得出一个看法:主人天天喂我食物。可是圣诞节到了,主人却要吃火鸡了。我们的知识许多都是通过归纳过去的观察经验得出的结论。如果归纳结论不可信,那我们还能相信什么呢?我们又怎么能获得新知识呢?

要吃早饭了,如果冰箱是空的,怎么办?应对这种情况有两个成语:望梅止渴,画饼充饥。如果真如此,还要做什么饭、吃什么早饭?"精神会餐"肚子就饱了!心理作用的确对我们的生活有很大影响。心情好就吃得香,心情不好就吃不下。心态对身体健康更加重要,忽视心理的作用是错误的。画饼能充饥吗?作者曾问过8岁的小孙子,他的回答是:"画饼可以在思想上充饥。"可是又有一句话叫"巧妇难为无米之炊"。"人是铁,饭是钢,一

顿不吃饿得慌。"那究竟该如何看待心理作用和生理作用、精神作用和物质作用呢?

我们在学习和工作中会遇到更多的问题。工作要努力,充分发挥主观能动性,但又要尊重客观规律,重视客观条件。说起来容易,做起来难。过去有人说:"人有多大胆,地有多大产。"这是不妥当的。可是在改革开放的事业中,我们又会说:"胆子要大一些。"那胆量从何而来?胆子多大才合适?我们既不能无作为,也不能乱作为。要大有作为,就应当掌握自己所做工作的规律,在这个基础上发挥自己的主动性和创造性,力求事半功倍。

我们在工作中还经常会遇到动机与效果的问题。做任何工作,事先都要有目的、有计划,这就是动机。否则就是盲目工作,很难成功。即使碰巧成功,也是瞎猫碰到死老鼠,歪打正着,不足为训。动机应正当合理。如果取得预期效果,那动机和效果一致,工作便是成功的。

但效果远比动机复杂,动机往往比较单纯,效果则不是单一的,而是多方面的。有主要效果,也有次要效果。次要效果往往被我们忽视,但有时次要效果会转化为主要效果。有正面效果,也会有负面效果。利中会隐藏着不利。这就要权衡得失,趋利避害。

更常碰到的是眼前效果和长远效果的问题,眼前效果立竿见影,马上生效,这是比较容易预先估计的,估计长远效果则相当困难。效果的影响会随着时间的推移不断积累，甚至不知不觉地积累。长远效果是滞后一段时期才显示出来的效果。所以我们要高度关注不利效果的长期积累，否则会后患无穷。

纵欲是只图一时痛快、不顾长远后果的恶习。物欲满足的特点是立即生效，马上如愿，所以有难以抗拒的诱惑。若不及时自律，时间长了，恶果兴风作浪，后悔已迟。

近代工业出现以后，人类大规模"改造"自然界，取得了预期成效。但是恩格斯说，我们不要高兴得太早，第一线的效果一般是符合预期的成功，但第二线、第三线却产生了出乎意料的、完全不同的影响，常常消除了第一线的结果，再往后便会出现相反的效果。大自然遭到严重破坏，已威胁人类的生存，我们正在遭受自然界的报复。

只要我们认真思考，就会发现工作中蕴含着各种各样的哲学道理。我们的生活、工作中充满哲理，无论你是否意识到它的存在。

行行出状元，行行有哲理。一份认真做出的工作经验总结，只要我们不断往深处想，就会揭示出其中的哲理。我国著名乒乓球运动员徐寅生的《关于如何打乒乓球》一文，因叙述了打乒乓球的辩证法，受到毛泽东主席的表扬。

南京大学老校长匡亚明先生，晚年主编了两百卷的"中国思想家评传丛书"，把从孔子到孙中山的各行各业的专家，如政治家、军事家、科学家、作家、艺术家都当作

思想家来研究。他认为事业有成的大家一定会有比较系统、深刻的思想,其中当然也包括哲学思想,这是很有见地的。

人生哲理、工作哲理、事业哲理,都直接来自生活,接地气,都是很实在的内容,有说服力和感染力,这都是很宝贵的。但哲学道理不等于哲学理论。每个人的活动范围、经历、精力都是十分有限的。因此这些哲理不一定系统、全面、深刻,还可以对这些思考进行再思考,对这些总结进行再总结,使其升华为哲学理论。这就是哲学工作者的任务。

▶▶大众生活的哲理

每滴水珠都是一个世界。

每个人心中都有一杆秤。

恩格斯在悼念马克思逝世时说:"正像达尔文发现有机界的发展规律一样,马克思发现了人类历史的发展规律,即历来为繁芜丛杂的意识形态所掩盖着的一个简单事实:人们首先必须吃、喝、住、穿,然后才能从事政治、科学、艺术、宗教等等;所以,直接的物质的生活资料的生产,从而一个民族或一个时代的一定的经济发展阶段,便构成基础,人们的国家设施、法的观点、艺术以至宗教观念,就是从这个基础上发展起来的……"恩格斯称马克思一生有两个伟大的发现,这里叙述的是其中之一。这段话有两层内容,先是讲"一个简单事实",然后讲"便构成基础"。

"一个简单事实"是指简单的道理,是人们日常生活的常识。人人都知,人人都懂,几乎无须解释,但却蕴含着很重要、很深刻的哲学道理。这是大众的哲学感受,是公众的哲学道理。

"便构成基础"是指一个极其基本的哲学理论思想——物质生活资料的生产是社会的经济基础,上层建筑是在这个基础上发展起来的。这是伟大思想家马克思对公众生活的科学概括,属于专家的哲学理论。

恩格斯这段话的两层意思,实际上也指明了专家哲学与公众哲学的关系。马克思的哲学理论源于大众的实践,但远高于大众的哲学感悟。

既然人人身边有哲学,那么社会上就会有大众的哲学思想。

广义的哲学有两种形态。一种是专家哲学,即哲学家的思想、理论,以哲学论著的形式进入学界,载入史册。我们学习哲学史,就是学习历史上重要的哲学著作。我们通常所说的哲学,是指专家哲学。另一种是大众哲学或公众哲学,它存在于公众的心中,在社会上广为流传,世代相传。它不成理论,没有论著,一些俗语、成语是其历史的记载。它主要是公众对人生的感悟,是无字的民间哲学,是公众世界观、人生观、价值观的生动体现。它

对大众生活的影响往往超过许多哲学论著,所以,要全面了解什么是哲学,就应当谈到公众哲学。

一些民间俗语和在民间流传的成语富有哲理,充满了民众的哲学智慧。

"丰衣足食""民以食为天""手中有粮,遇事不慌",是人们共同的幸福愿景。"人是铁,饭是钢,一顿不吃饿得慌。"显示出大家都不愿过贫穷的日子。"日无半升米,夜无半床被""易衣而出,并日而食""上无片瓦、下无立足之地",这些描述都已成为过去。"无柴哪管金漆树,无米哪管稻米种",为了求得生存,只好被迫放弃其他。这些俗语讲的就是马克思所说的"一个简单事实"。

"人生一盘棋""人往高处走,水往低处流""人有三回六转,水有九曲八弯""逢山开路,遇水搭桥""不受磨炼不成佛""百日阴雨总有晴",说的是人生领悟。

"饮鸩止渴""杀鸡取卵""竭泽而渔""揠苗助长""贪吃成饿鬼",批评了为了眼前一时痛快而不惜破坏长远利益的纵欲主义。

"不登高山,不知天高""不观风波,哪知巨浪""进山才知柴火多""不挑担子不知重",讲的是认识事物的道理。

"长江后浪推前浪""今日金子,明日尘土""三十年河东,三十年河西""一根稻草压死一头骆驼""船帮水,水帮船""水能载舟,亦能覆舟""尺有所短,寸有所长""长有长妙,短有短强""火候不到不揭锅""趁着水深好洗船",都包含了生动的辩证法。

俗语、成语是因事而发的,一句话只能讲一种感受。人们在不同的环境、心境中,对同一件事有不同的感受,甚至是相反的看法。如既有"无风不起浪",又有"无风三尺浪";既有"好心有好报",又有"好心没好报";还有"善有善报,恶有恶报,不是不报,时候未到;时候一到,一切都报",这都是很正常的,这是民间俗语的特征,也表明了事情的复杂性。

创造与协调是人类的两项最基本的活动,是推动人类文明进步的两大动力,任何时代都是如此。创造难,协调更难。没有协调,创造就会导致破坏。人多是否好办事?这个问题貌似简单,实际并不简单。人多力量大,但各人都有自己的利益和想法。"人心齐,泰山移",这是肯定的。但"三人进店,口味不同""三人说着九头话""七个和尚八样腔""三人行五路""公说公有理,婆说婆有理""卖主怪脚,买主怪鞋"。人多矛盾难免也多。如果人多却相互扯皮、相互拆台,那人多就难办事。所以俗语中同时有"人多好办事"和"人多难办事"两种不同的说法。既有"三个臭皮匠顶个诸葛亮",也有"三个和尚没水吃";既有"三人为众,火管变成铳",也有"三人共条牛,剩下光骨头";既有"众人拾柴火焰高",又有"艄公多了打烂船";既有"三块石头垒成灶",又有"三人四靠,倒了锅灶";既有

"三根旧麻绳,力可吊千金",又有"三人拼成牛,不如独自养个狗"。从数量上看,讲"人多难办事"的比讲"人多好办事"的似乎要多。如"三个厨子两个客,忙死厨子饿死客""众口难调""三人六主意""三人六样活""七爷子八条心"等,不胜枚举。这也说明协调的确不容易,所以我们既需要创造的哲理,更需要协调的哲理。

我们现在常说的"三观",指世界观、人生观和价值观。世界观是对世界的最根本的看法,人生观是对人生的理解,价值观是对人、事和物的最基本的评价标准。"三观"是哲学的三个方面。它们同公众的工作、生活关系特别密切,是人们言行的指导思想。

人生观直接决定人们的生活方式和精神状态,是人的"魂"。人生观的突出问题是自己应当怎样生活,是不忘初心、牢记使命,努力学习和工作,为人民服务,报效祖国,还是只图个人享受,不求上进?人生苦短,人的一生应当怎样度过才有意义,才不虚度一生?如何掌握自己的命运?如何处理物质生活和精神生活之间的关系?对这些问题进行更深层次的思考,就要正确认识人的本质、生命的意义。正确认识人是物质实体与精神主体的统一,所以人有"双重生命",即物质生命和精神生命,既应有物质追求,也应有精神追求,二者和谐发展。这就是人生哲学。

价值观是人们行动的抉择标准。人类的各种活动都是为了谋取利益,包括个人利益、集体利益、人民利益、国家利益和人类利益;但做任何事情都要付出一定的代价,如付出劳动、消耗资源,会产生有利效果,也会产生副作用。有付出才会有收获,不能不劳而获;付出成本才会有效益,没有无本之利。有得也会有失,有利也会有弊。这就要权衡得失,趋利避害。这就要明确值得做什么,不值得做什么;应该怎样做,不应该怎样做。心中要有一杆秤,做出合理、正确、精准的价值评估。这就要正确思考和处理自身利益和他人利益,个人利益和集体利益、社会利益、国家利益,局部利益和整体利益,眼前利益和长远利益,物质利益和精神利益,正当利益和不正当利益的关系。追求利益的最大化本身并不是坏事,但要取之有道,求之有度。再进一步就要认清人生的最高价值是什么。二十四字的社会主义核心价值观是我们价值观的指导思想。这就是价值哲学。

人生观、价值观都以世界观为基础和指导。世界观是关于世界的本质和发展的最根本的观点,是关于自然、社会、人类思维及其相互关系的最一般的看法。世界观是更深层次的思想,是更一般意义上的哲学。关于这个问题,以后还会谈及。

人人都有自己的人生观、价值观和世界观,但它不系统、不深刻,不是理论,而是自己的经验、体会和感悟,受到自己所处环境、经历、知识和文化的限制。随着阅历的积累,每个人都会遇到这样那样的问题,会自觉或不自觉

地形成自己的看法。它很少能用语言、文字表达,却扎根于内心,蕴含在行为中。它是指导自己作为的"无字的哲学"。它的主要内容是人生观与价值观。

不同的人生活在相同的时代、相同的环境、相同的文化传统中,会遇到许多共同的问题,从而对人生观、价值观形成一定的共识。个人的哲学感悟便成为真正意义上的公众哲学。它广为流传,影响广泛。例如,爱国,与人为善,就是我国广大群众的共同追求,应当发扬光大。但由于社会的复杂、人性的脆弱,也会出现不太合理的流行看法。

当前流行的一种公众哲学可称为物本主义,主张以物为本,而不是以人为本。它推崇物质需要、物质利益、物质欲望、物质享受,忽视甚至贬低精神需要、精神生活、精神追求,缺乏理想和信仰。它迷恋、迷信物的价值,漠视人的精神的价值;只讲物的作用,否定人的精神作用;重视物质文明,轻视精神文明,导致工作和生活中物质和精神的失衡。于是在一些人群中出现了好吃懒做、一味追求享受的风气,这就是人们通常所说的物欲横流,这是十分有害的。深藏在这些现象中的是一些错误的想法,如认为人应当随心所欲,物欲天然合理,追求物欲的最大满足是人的天性,等等。这是错误的人生观和价值观。

对大众来说,不一定要掌握系统的哲学理论,但也应当学点哲学,使自己在工作、生活中有比较正确的哲学观点，并培养自己的哲学修养。公众哲学虽然来源于生活的体验，却有很大的局限性，真正的哲学是理论哲学。

▶▶真正的哲学是时代精神的精华

精神是物质的最高精华。
哲学关心的是命运。

哲学专家对哲学进行系统、深入的研究，提出哲学理论观点，以论著的形式出现，这就是专家哲学。

专家哲学和公众哲学产生的途径很不相同。公众哲学是公众在生活和工作中感悟到的哲学道理，是自身的经验体会。专家哲学是人数很少的专家对许多领域的知识所做的概括，是专门研究的成果。公众哲学并不是专家哲学的来源，或者说专家哲学不是公众哲学的发展。

专家建立哲学理论，应用的是成熟的哲学的思维方式，其主要特征是高度的抽象性。抽象是根据研究目的的需要，撇开次要的东西，抽出主要的东西。

哲学要对世界提出最根本的看法。因而哲学思维过程就是从特殊性到普遍性、从个性到共性、从个别到一般、从局部到整体、从有形到无形、从有限到无限、从现象到本质、从一般本质到更深层次本质的过程，这些都是通过从具体到抽象的思维过程实现的。

哲学研究自然、社会和人类思维最普遍的本质和发

展规律。我们在活动中直接面对的都是具体的(具有个性和特殊性的)人、事和物，它们的外部形式是看得见的，可是事物的本质却是无形的，无法观察到的。但普遍性存在于特殊性之中，离开了对特殊性的认识，就无法把握其普遍性。哲学把抽象思维方法发挥到极致，因而具有最大程度的概括性。

事物的属性和发展规律有不同的层次，即普遍性的程度不同。因此，哲学不可能以具体的物质形态和具体的运动形态、具体的人和事作为直接的研究对象。即使我们研究十万块石头，解剖十万条鱼，顶多成为岩石学家、鱼类学家，却不可能成为哲学家。关于这些石头和鱼的研究，只能揭示石头和鱼的一般属性，却不可能得出关于世界最一般本质的结论。具体的物质形态和运动形态是各门具体科学(如岩石学、鱼类学)的直接研究对象，但不能直接进入哲学研究的领域。

所以，哲学家必须从对具体科学知识的概括中，抽象出最普遍的哲理，使其升华为哲学理论。公众哲学必须来自日常生活和工作经验，哲学理论则必须超越经验。

具体科学也是一种抽象，是对具体物质形态和运动形态的抽象。哲学则是对具体科学的抽象，是抽象再抽象。从这个意义上讲，哲学也要超越具体科学知识，使科学观点升华为哲学观点。

哲学思维是弥漫型思维，哲学家思索一项科学结论时,很快就想到这项结论以外的领域,努力向普遍性逼近。了解了关于岩石结构和鱼类生命过程的知识,然后就超出岩石学和鱼类学的范围,进一步思考:是否别的物体也像岩石一样有固定的结构?物体是否都有层次结构?在什么情况下物质结构会变化?鱼类的生命过程有哪些特征?其他类生物是否也有这些特征?动物生命的特征是什么?一般生命的本质是什么?显然,这些问题都不是岩石学和鱼类学所能解决的。

岩石颗粒的凝聚与分散,鱼的生与死都是矛盾。我们由此想到其他物体的结构和变化也都有各自的矛盾,如吸引与排斥、膨胀与收缩、化合与分解、同化与异化、能量的吸收与消耗、正电与负电、粒子与反粒子、粒子性与波动性、连续性与间断性、物质的可分与不可分、宇宙的有限与无限等,于是就得出自然中普遍存在矛盾这个哲学结论,而这些矛盾都是不同自然科学学科所提供的知识。

哲学研究运动形态,就要从存在认识到过程,并通过不断的追问,从最初的开始,追溯到最后的终结,即从有限追溯到无限。

这些听起来好像有点玄,其实我们每个人都有潜在的哲学思维能力,我们总会思考一些范围大的、时间长的、追溯原因结果、回顾过去、展望未来的问题,这里就有最简单的哲学思维。

马克思说:"任何真正的哲学都是自己时代精神的精华。"哲学是"文明的活的灵魂。"每一个时代都有自己的文明和精神,它渗透在这个时代的经济、政治、文化、科学等各个方面。哲学是各种观念中最深层次的部分。真正的哲学应当站在时代的高度,对时代各方面的文明和精神进行高度的概括,抽象出最本质、最合理、最富生命力的精粹。这个任务唯有哲学能够完成。因此,只有从世界观、方法论的高度,科学地总结文明和精神的哲学,才能反映出时代精神的精华,成为时代文明的灵魂。马克思主义哲学出色地完成了这个任务。

▶▶哲学概念:抽象的抽象

自然、社会和思维相聚在哲学中。

太阳理解花朵,大地理解落叶,哲学理解世界。

概念是反映对象特有属性的思维方式。各门科学、学问都有各自的概念。在诸多的概念中,哲学概念显得有些特别,因为它有一些显著的特点。

首先,哲学概念是最抽象的概念。所有的概念都是抽象的概念,但哲学概念是抽象再抽象,抽象到很难再抽象下去的概念。越抽象越普遍,所以哲学概念又是应用范围最广泛的概念,例如,从花岗岩到岩石再到矿物,从鲤鱼到鱼再到动物再到生物,都是不断抽象的过程,但还可以再抽象:矿物和生物都是物。"物"的概念就非常抽象,非常宽泛了。矿物、生物都是科学概念,物则是哲学概念。

怎么理解这种不断抽象的过程?

事物和事物的属性是密不可分的。概念反映事物的某种特殊属性,同时也就反映了具有这种特殊属性的事物。所以概念既有内涵,也有外延。内涵指概念所反映的事物的特有属性,这是概念的内容。外延指具体概念所反映的具有特有属性的事物,实际上是指具有这种属性(内涵)的事物范围,即概念的适用范围。哲学概念是适用范围最广泛的概念。矿物的概念不适用于生物,生物的概念也不适用于矿物。但物的概念既适用于矿物,也适用于生物,还适用于别的关于物的概念,如自然物与人造物。

内涵与外延具有互相限制的关系。我们在应用某个概念时,如果觉得它的外延太宽,就可以用增加内涵的办法,使它成为外延较小的概念。例如,我们在叙述鱼的属性时,如果笼统地说鱼是物,显然太空洞了。我们就增加内涵,指出鱼是具有生命的物,即生物,这就比较贴切了。相反,我们在认识鱼类的属性时,用了鲤鱼的概念,那就太窄了,因为鱼类中除了鲤鱼,还有许多种鱼。于是我们就从鲤鱼概念中抽去作为鲤鱼的那些特征,仅保留鱼的一般特征,这就使外延扩大了,成为鱼的概念。

我们在哲学上用"物质"的概念表示物。世界上除了

物质,还有精神(意识),这是两个最抽象的概念。物质与精神的关系问题也就是哲学的基本问题。

从各种关于物质的概念中抽掉了各种物质的特殊属性,那最后物质的概念里还剩下什么属性呢?物质的唯一属性就是客观实在性。我们只能从物质与精神的关系中来理解物质的本质。

哲学概念的外延都很大,内涵都很小,那能否因此认为哲学概念的内涵是空洞、贫乏的呢?物质概念反映了各类物质的最普遍、最基本、最本质的属性,因而也最深刻。

思想、知识、学问的广度和深度的关系,是不能简单看待的。有人曾把知识比作一杯水,倒在试管里就深,倒在盘子里就浅。因此人们通常把知识的广度和深度看作是相互限定的,有广度就没有深度,有深度就没有广度。这种比喻有一定的道理,但并不全面。知识面宽,什么都知道一点,什么都是一知半解,看问题就容易浅薄。但事情还有另一方面:知识面宽,各种知识相互渗透、启发、碰撞,就会产生新思想,认识就会有深度。深度以广度为基础。

知识不是物质,而是一种特殊的存在。知识不是一杯水,而是一棵树,地下的树根伸展的范围越大,地上的树干就会长得越高。哲学就是一棵树。哲学概念概括的知识越多,提炼出的内容就越少,也就越精,是少而精。这就是哲学认识的辩证法。

哲学概念具有多义性。

由于哲学概念最抽象,所以常常使人觉得难懂,甚至不知所云。例如,老子说:"道可道,非常道。"这"道"是什么意思?众说纷纭。甚至对于老子学说是唯心主义还是唯物主义也产生了争论。西方哲学中的存在、实在等概念,听起来也很深奥,各人有各人的理解。

由于哲学概念的内涵小,所以就需要解释、理解、甚至引申、发挥。又有人把哲学概念比喻为一个容器,放进不同的东西,就有了不同的用途,成了不同的器物。倒进茶水,便是茶杯;插入花朵,便是花瓶;放进笔,便是笔筒。

于是,学习和研究哲学,就有了本义、通义和我义这"三义"。本义是哲学家提出哲学概念的本来意思,这就要研读哲学家的原著。通义是哲学界的研究者对本义的解释和理解。有时某种理解会得到较多学者的认同,流行传播,便是通义。这就要阅读学界的有关论著。我义是研究者、学习者个人对本义、通义的理解。这就要有自己的认真思考。我义有深浅不同的层次。例如,用自己的语言表述本义,对本义、通义提出自己的解释、自己的发挥,在此基础上提出自己新的观点。

研究者在解释本义、通义时,其实是为了表述我义。南宋哲学家陆九渊说过:"六经注我,我注六经。""我注六经",是理解六经的本意;"六经注我",是用六经来表述自己的思想,"我注六经"是前提,"六经注我"是目的。

在哲学研究中,哲学史研究占据十分重要的地位,这是哲学研究的又一个特点。这同哲学概念的多义有关。我们对古代哲学名著的研究可谓历经沧桑,但经久不衰,常读常新,总是不断有话要说。在不同的时代,对同一个哲学概念常常会有不同的理解。

技术概念一般都不会有歧义,没有人会说:"我对电压有自己的理解。"所以学电学的人不一定学习电学史。

但凡我义较多的学术领域,学术史也都很重要。如不同人对文学作品会有不同的感受。如同在哲学上"每个人心中都有一个道",文学上是"每个人心中都有一个哈姆雷特"。因此文学史的内容也很丰富。

哲学概念具有稳定性。在知识大转盘上,技术知识处在边缘的位置,所以旋转的速度(更新的速度)很快。哲学知识处于靠近中心的位置,旋转的速度(更新的速度)很慢。哲学不是流行歌曲。哲学研究者对哲学不断有新见解,但一般不会想出一个新概念来取代原有的概念,哲学概念的更新不是信手拈来的事情,一定要深思熟虑,慎之又慎。所以在书店里,古代哲学著作数不胜数,古代技术著作却寥寥无几。

▶▶哲学是知识,也是信仰

阳光是向日葵的信仰。

信仰是完善自己,迷信是抛弃自己。

哲学既是知识，又是信仰。

哲学是知识，它告诉我们世界是什么，追求"万物之理"。特别是马克思主义哲学，告诉我们世界的本质和最一般、最普遍的发展规律。作为知识的哲学，需要而且应当看它是否同现实相符，需要用实践来检验。

哲学论述的都是关于世界的宏大问题，在一定程度上超越了知识与经验，所以哲学理论需要通过一代又一代人的长期的、多方面的实践检验。自然科学中可以有判决性实验，一次或一种实验就可以证实或证伪一种假说。如吴健雄女士用实验很快就证实了杨振宁和李政道关于弱相互作用下宇称不守恒的观点。哲学观点本质上不可能通过科学实验来直接检验。于是，一些最基本的哲学观点，就会有信仰的成分。

信仰是坚定的信念，带有浓厚的尊崇、敬畏的感情，甚至对所信仰的思想有神圣之感。信仰不一定需要理由，也不一定关注现实生活的验证，它始终是执着的深信，即使遇到质疑，也毫不动摇。

哲学信仰与宗教信仰是信仰的两种形式，这两种信仰有时又是相互渗透的，如中国古代哲学中的儒佛道三教，指儒家哲学同佛教、道教的联系。

马克思主义哲学既是科学的知识，又是崇高的信仰。

马克思主义哲学是对自然科学和社会科学的概括，

告诉我们世界的最一般的本质和自然、人类社会、人类活动和思维的最一般、最普遍的规律,提供对世界的最基本的认识,即哲学知识。

这些知识是可以通过人类长期的多方面的实践不断验证的。例如,关于矛盾普遍性的原理告诉我们,世界充满了矛盾,矛盾无处不在。这个哲学知识每时每刻都得到验证。当然,哲学知识的验证同科学知识的验证有不同的特征,科学知识可以一次性验证,哲学知识的验证则是多方面的、不断的验证。每一次验证都使人们对马克思主义哲学的信任增加一些。哲学知识的验证反复进行,不会有结束之时。

但哲学中的有些内容却很难直接验证,甚至无法验证,如关于世界本质与起源的观点。世界的本质是物质还是精神?或者说是物质第一性还是精神第一性?是物质产生精神,还是精神派生物质?这些问题是不可能用具体的实践活动来检验的。我们认为宇宙无始无终,物质是永恒的,物质既不能创造,也不能消失,这个观点可以得到哲学的支持,但不能说它已被实践完全证实。这就是哲学信仰。陆九渊说:"宇宙便是吾心,吾心即是宇宙。"你赞同,不可能去证实;你反对,也很难去证伪。这就是哲学信仰。唯物主义、唯心主义说到最后就是哲学信仰。

不同的哲学信仰之间,可以讨论甚至争论,但很难由一方说服另一方。所以哲学上唯物主义与唯心主义的争论，永远不会结束。

哲学信仰常以知识为基础，知识的不足就用信仰来补充。实践已证实的，我们确信；实践尚未证实和无法证实的，我们相信。理性的信仰不是迷信，而是自信。

每一种宗教，实际上都包含着一种哲学。但哲学信仰真理，宗教则信仰教义。宗教的教义是根本不可能用实践来检验的。有宗教信仰的人也从不想去检验，它需要的是虔诚。

人需要知识，也应当有信仰。坚守自己的信仰是独立人格的表现。尊重别人的信仰，就是尊重别人的人格。我们要认真学习马克思主义哲学，树立对马克思主义哲学的信仰。

▶▶ 哲学与科学的互动

科学：不知而问；哲学：知而再问。

科学探索结果的原因，哲学阐述结果的意义。

哲学是从总体上认识世界的。世界是有层次的，分为自然、社会和人类思维三大领域，它们各自又可分为一些较小的领域。与此相对应，科学也分为自然科学、社会科学、思维科学，大学科还包含许多小学科。

哲学也有层次结构。最抽象、最广泛的层次是元哲

学。元哲学研究自然、社会和人类思维的共同本质和共有的最一般发展规律,如世界的本原是什么?世界为什么会不断变化发展,有什么最一般的规律?物质和精神的关系是怎样的?

哲学的第二个层次分别是关于自然、社会和人类思维的哲学,是自然哲学、社会哲学和思维哲学。

哲学理论和科学理论的关系,是普遍与特殊的关系。

哲学是科学知识的概括,可是古代并没有系统的科学知识,又怎么会有古代哲学呢?这是因为哲学思维还有一种不常用的方式,那就是哲学想象——用想象回答哲学问题,这是用想象来代替知识,对想象进行哲学思索,用哲学想象来叙述哲学观点。想象的可贵之处在于能超越经验。没看到,可以想到;看到的是这样,可以想象成别样。没有某方面的知识,但可以有那方面的想象。正因为缺乏知识,才可以随意想象,不受知识的限制。

中国古代哲学有许多哲学想象。盘古开天辟地是神话,是艺术想象,也是原始哲学。元气说认为:"气,清者上升为天,浊者下沉为地。"这"气"并不是具体的气,而是抽象的"气";气的清浊升沉,完全是想象。阴阳五行说认为:"先王以土与金、木、水、火相杂而成万物。"这种先王造物的过程,谁也没见过。太极图又引发出多少想象!

西方古代哲学也是如此。古代贤哲叙述宇宙万物的起源,完全靠哲学想象。关于宇宙的本原,泰勒斯说是水,赫拉克利特说是火。阿那克西曼德说是"无限",这已经很抽象了,可并不是科学的抽象,而是思辨的产物。他的哲学中仍然包含许多想象。他认为:"星辰是一些火圈,是从那包围世界的火分离出来的。火又为整个空气包裹着。不过有一些通气的洞,一些管状的开口,通过这些开口,便显现出星辰。当这些洞关闭的时候,就发生月食现象,月亮的盈亏就是由这些洞的开闭而表现出来的。"这里虽然说得很具体,但全是想象出来的。

古代哲学是思辨抽象和随意想象并用。近代以来,由于有了系统的科学,抽象思维能力也有所提高,就很少采用哲学想象了。

个人思维的发展是人类思维发展的简单再现。现代孩子同古代贤哲一样,既无系统科学知识,也不善于抽象思维,但想象力却很丰富,所以也会有原始的哲学思维——哲学想象。

有时现代孩子讲的话,竟同古代哲学家讲的相似,这是一个很有趣的现象。

作者曾问七岁的小孙子:"地球是什么形状?"他说:"圆的。""为什么是圆的?""因为地球在转,被太空中的气体磨成了圆的。"后来作者读到宋代大哲学家朱熹的一段话:"天地初间只是阴阳之气。这一气运行,磨来磨去,磨得急了,便结成个地在中央。"都是在讲"气",都是在"磨"。

作者儿子五岁时也说过原子论。"原子是古时候的一种石头,圆圆的,有各种颜色。""世界上什么东西都是由原子组成的。火有火的原子,水有水的原子,墙有墙的原子。原子都是看不见的。"他七岁时,有一次吃煮鸡蛋时说:"鸡蛋是地球模型,蛋黄是地球,蛋白是天,蛋壳是全世界。"东汉时的张衡写道:"浑天如鸡子,天体圆如弹丸,地如鸡中黄……天之包地,犹壳之裹黄。"这儿的"鸡子"指鸡蛋。作者并没对儿子讲过浑天说。这些"巧合"表明现代孩子的哲学想象同古代哲人有几分相似。

孩子天生有原始的哲学思维能力。孩子的随意想象,既有胡思乱想,又有奇思妙想,难免会有哲学想象。陆九渊三四岁时曾问父亲:"天地何所穷际?"十三岁时写下"宇宙便是吾心,吾心即是宇宙"的名句。

关于万物的组成问题,从古希腊的原子论,到近代的牛顿的微粒说、道尔顿的原子学说,再到现代的基本粒子物理学,哲学的物质观也随之不断发展,使哲学的物质概念有了坚实的科学基础。

古希腊留基波和德谟克利特的原子论认为:"一切事物的始基是原子和虚空,其余一切都只是意见。世界有无数个,它们是有生有灭的。没有任何东西从无中来,也没有任何东西在毁坏之后归于无。原子在大小和数量上都是无限的,它们在整个宇宙中由于一种旋涡运动而运动着,并因此形成一些复合物:火、水、气、土。因为这些东西其实也是某些原子集结而成的,这些原子由于它们的坚固,是既不能毁损也不能改变的。太阳和月亮是由同样的原子构成的,这些原子是光滑的和圆的。"原子是不可分的。这些微粒,因为很小,所以是看不见的。原子和虚空都是观察不到的,所以只能靠想象。

牛顿创立了近代力学,并把近代力学同古代原子论结合起来,提出了具有力学特点的微粒说。他认为所有物质都由微粒构成。微粒的基本属性是广延性、坚硬性、不可入性和惯性,引力是微粒联系的纽带。物质的构造是有层次的。第一级微粒组成第二级微粒,第二级微粒又组成第三级微粒。微粒越小,彼此就结合得越牢。第一级微粒是靠内聚力结合在一起的。这就使哲学的物质观认识到:微粒遵守力学规律,由某种力联系在一起。

1808年,道尔顿提出原子学说。他指出,同一种化学元素具有相同的原子,不同的化学元素具有不同的原子。化学元素由简单原子组成,化合物由复杂原子构成。化学的分解和化合只是原子的组合方式不同。原子是"终极质点""莫破质点"。特别重要的是,道尔顿提出了原子量的概念。他认为每种原子都有特定的重量(质量),物质在化学反应前后的总重量(质量)不变,即原子的数量不变。他用原子论令人满意地解释了定比定律。道尔顿的原子学说,使古代的哲学原子论转化为科学原子论,哲学的物质观从此具有了一定的科学基础,概括出物质守恒、原子是物质基元等观点。

1897年,汤姆孙发现电子,向原子论发出严峻的挑战,打破了原子不可分、原子是基元物质的传统观念。后来又发现由质子、中子组成的原子核,表明原子一分为二,由电子和原子核组成。在这场物理学革命的面前,有的科学家认为物理学陷入危机,因为原子分解了,而原子是物质的不可分、不可变的物质基元,原子既然分成了别的什么,那"原子就非物质化了,物质消失了。"有的哲学家就由此认为唯物主义物质观的基石不存在了,唯心主义将取代唯物主义。

　　在这种背景下,列宁分析了物理学关于物质结构的理论同哲学的物质观的区别与联系,提出了马克思主义哲学的物质概念,指出物质的唯一属性不是别的,而是客观实在性。"消失"的不是物质,而是传统的原子论。电子也是物质,发现电子是原子的组成部分,只是物质结构的学说由原子深入到原子的结构,标志着人类对物质微观结构认识的开始。

　　古代原子论是哲学想象,近代原子学说使哲学原子论转化为近代科学原子论。对原子结构的认识,表明原子论退出历史舞台,开启了物质微观结构的新纪元。同时又导致了辩证唯物主义物质观的发展。这段历史见证了哲学同自然科学的紧密联系。

　　需要全面地、历史地理解哲学与自然科学的关系。在历史上曾有人认为哲学是"科学的科学",凌驾于各门科学之上。这种看法是错误的。

哲学与自然科学在人类知识系统中的地位是平等的。术业有专攻,地位无高下。哲学研究的是世界的最普遍的问题,各门自然科学研究的是相对特殊、相对具体的问题。知识有层次,但地位是平等的。二者不能相互取代。二者相互渗透,相互补充,相互促进,相互尊重。

哲学是对科学的概括,科学是哲学的源泉。

哲学要从总体上说明世界,应当有所依据。古代没有系统的具体科学,哲学家主要靠想象与思辨,想象世界是怎样的,然后从想象到想象,从概念到概念,从推论到推论,哲学成了思辨性的猜想。神话、巫术都会成为哲学的来源。这时的哲学还处于幼稚时期。

近代科学出现了,我们对世界开始有了进一步的认识,哲学研究就有了科学的依据,哲学也逐渐成熟。包罗万象的哲学再也不可能了。有些科学理论被进一步概括为哲学理论,哲学理论又会促进科学理论的形成和发展。从这个意义上可以说,没有系统的科学就没有成熟的哲学。

自然科学从来都充满了哲理。有的科学家从自己的科学理论推导出哲学看法。19世纪中叶,克劳修斯提出热力学第二定律:热自发从高温物体传向低温物体,而不可能相反。一杯热水只会"人一走,茶就凉";一杯冷水不会慢慢变成热水,这是常识。也就是说,水的热量散布到

周围空气中,空气中的热却不可能自动聚集到杯中来。克劳修斯由此推论,总有一天宇宙中的热量都会散失到宇宙太空中,达到热平衡状态。这时热还存在,却不会有热运动了,整个宇宙将处于"热寂"状态。这种热寂说认为宇宙会停止运动,这就是一种哲学观点了。

哲学家可以对自然科学的新成果做出新概括。19世纪提出的能量守恒定律,常被科学家称为"力的守恒"。恩格斯却指出这一定律应表述为能量守恒与转化定律,并丰富了马克思主义哲学运动观,认为运动形态可以相互转化,但运动的总量是守恒的,并把这条定律看作马克思主义哲学创立的自然科学的科学基础之一。

哲学有时会对科学的发展提出预见,走在科学的前端。当物理学家普遍相信原子是不可再分的、无内部结构的"宇宙之砖"时,恩格斯却指出:"原子决不能被看作简单的东西或一般来说已知的最小的实物粒子。"

恩格斯能用他的哲学观点,分析科学上的一些难题。他在谈到"热寂说"时说,他相信散失在宇宙太空中的热一定会以某种方式重新聚集起来。究竟以什么方式重新聚集,有待于科学的发展。有时科学一时还未看到的,哲学看到了。

恩格斯在肯定一种科学理论时,又会指出其缺点与不足。他把达尔文进化论看作19世纪三大科学发现之一,同时指出达尔文过分强调了繁殖过剩的作用,强调了生存斗争,却忽视了生物的生存合作。

哲学有时也会成为科学发展的障碍。在近代,经过中世纪神学哲学家修改的亚里士多德哲学著作被奉为至高无上的经典,不同于亚里士多德著作字句的任何想法都被认为是荒诞的。当伽利略用望远镜观察到太阳黑子时,有人就对伽利略说,亚里士多德讲天体是完美无缺的,所以黑子不在太阳上面,而是在你的眼睛里。

由于自然科学是关于自然界某种物质形态、某种属性的认识,把这一认识推广到其他方面,就有可能做出错误的哲学结论。如牛顿力学认为,惯性是物体的本质属性,物体自身不能改变原有的静止或匀速直线运动状态,只有通过外力克服了惯性,物体原有运动状态才会改变。于是有人就认为物质自身不可能运动变化。又如林奈对生物分类做出重要贡献,而分类的前提是假定种的稳定性,所以林奈就相信物种不变论。

当自然科学的新成果同我们熟悉的某个哲学观点相冲突时,哲学工作者就应当认真学习、思考有关的科学成果,认真对哲学观点进行反思。这种情况也许是由科学研究对象的特殊性造成的,也可能是由于哲学观点需要提出新的阐述。

哲学观点不能被看作是判定科学观点是否正确的标准。哲学家可以参与对科学观点的评价,但不能判定其是非对错。自然科学理论是否正确,只能由科学实验来

检验。历史上曾出现哲学对科学是非误判的情况。牛顿把阳光分解为七种单色光，哲学家黑格尔就不以为然，他认为光是光明与黑暗的辩证统一。有一个时期，有人从哲学角度判定遗传学的摩尔根学派是唯心主义、形而上学。我国也有人说相对论是相对主义，因而是反马克思主义的。这都是十分可笑的。

当然，自然科学毕竟不同于哲学，所以自然科学研究中的科学观察、科学实验、定量分析、建立方程、数学化、符号化、做出预言等方法，都不适用于哲学研究。

▶▶哲学：认识的超越

耳朵听到了风吹，眼睛看到了草动，思想理解了风。思想不需要更多的感官。

哲学是关于世界观的学问。哲学的希腊文词源是"爱智"。哲学给我们以智慧，使人聪明。哲学的思维可以使我们的认识具有广度、深度和高度。同时，我们也应当关注爱，哲学主张大爱、博爱，爱自然，爱人类，爱祖国，爱文化，爱生命，爱亲人，爱朋友。哲学的爱既包含丰富的感情，又高于感情，是理性的爱。

哲学使我们既有智慧头脑，又有博爱之心。

哲学使我们在认识上超越自己的局限，又使我们的品格得到升华。

超越与升华,这便是哲学的意义。

我们的认识受到种种限制,哲学可以帮助我们在一定程度上超越这种限制。

我们生活在世界上,生活在自然、社会和人类之中。世界是个巨大的系统,所有的人、物、事都不是孤立的,而是相互联系的;这个世界每时每刻都在变化,每个瞬间都立即进入历史。

我们必须认识这个世界,这样才能更好地生存与发展。但我们每个人的生命、精力、知识、经验都是有限的。有限的我们如何认识几乎是无限的世界?这是一个难题。解决这个难题的唯一途径,就是努力超越自己,超越自身的各种局限性,超越自己的生命、精力、知识和经验,以求得通过自己有限的认识活动、实践活动和人生经历,在一定程度上对整个世界有一定程度的总的认识。

我们可以通过学习、通过技术的应用来努力超越。例如,我们认真学习关于自然、人类社会与人类思维的具体科学知识,利用一些技术手段来认识世界,这都是十分重要的。但我们所能学到的具体科学知识、利用的技术手段所收到的效果,说到底,也是十分有限的。

因此,从根本上说,我们更应当通过合理的思考来不断超越自己。这种合理的思考就是哲学的思维。哲学的根本目的就是让人们超越自身的局限,实现自己思想的升华。

前面说过，世界上所有事物都是普遍性与特殊性的统一，或共性与个性的统一。普遍性有不同的层次，如鱼、生物、自然界、世界这些概念具有不同程度的普遍性。所以普遍性与特殊性都是相对的。生物相对于鱼类而言是普遍性，相对于自然界而言就是特殊性。至于这一条鲤鱼，那一条鲫鱼，都是具体的鱼，特殊性最鲜明；而世界（或宇宙）就是最普遍的概念，因而也最抽象。

在生活和实践中，同我们发生直接的物质关系的，只能是具体的存在。我们吃的只能是这一条鱼或那一条鱼。我们吃的不是"鱼类"。整个世界只能是我们头脑中最抽象的存在。我们如何通过对具体事物的直接接触，来认识整个世界的本质和发展规律？只有采用抽象的方法。从这一条鱼，抽象到鱼类，再抽象到生物、自然界，最后抽象到世界，这种不断抽象的过程，就是逐步接近哲学的过程，最后达到抽象程度最高的哲学——元哲学。

普遍性与特殊性的相对性，更重要的内涵是普遍性存在于特殊性之中，共性存在于个性之中。个性蕴含着共性，共性在个性中存在。即使是一条具体的鱼，也蕴含着鱼类、生物、自然界的一些共同属性。我们要认识普遍性，只有到特殊性中去寻找，从具体事物中抽象出蕴含在其中的普遍性。哲学思考的任务就是不断地进行抽象，从一定意义上可以说，特殊性是现象，普遍性是本质。

既然任何事物都是普遍性与特殊性的统一，那么我们认识事物就要认识这两个方面。

一般来说,认识事物从认识其特殊性开始,因为特殊性比较具体,可以直接观察。譬如我们认识一位新同学,首先看到他的容貌、身材,听到他讲话的口音和语气,经过同他的进一步接触,可以知道他的性格、生活习惯、对学习的态度,同别人的关系以及他对一些人和事的看法。这样我们对他就有了初步的了解。

但这还不够,我们还要把这位同学和其他同学联系起来了解,比较他们的异同,从中认识到当代中国大学生的一般状况和特点,进一步思考当代中国年轻人的共同特征、普遍的生活方式和流行观念。

有了这些一般的认识以后,再认识这位同学,不仅认识更全面,而且更深刻了。

我们的认识进程都是从特殊到普遍,再从普遍到特殊,从而达到对特殊的更深刻、更全面的认识。这时,对普遍的认识就成为对特殊认识的指导。

作为世界观的哲学,对具体认识和做法有指导意义。因为正确的世界观可以超越我们认识的种种局限。

哲学有助于我们超越只追求个人功利的局限性。追求自己的利益是完全正当的。但是如果只根据对自己是否有利来判断是非,并作为自己言行选择的标准,只考虑如何谋取个人利益,唯利是图,利令智昏,那就不应该了。

哲学告诉我们,谋利要取之有道,值得我们去追求的还有人民的利益,我们还应当有精神的追求,还应当不断自我完善。摆脱对个人功利的过度追求,就会使我们对人与事的看法更客观,克服个人的偏见。

哲学可以使我们有长远的观点,有远见卓识。我们直接感受到的都是眼前的效益,长远的效益是不能马上看到的。物欲的满足立即生效,对我们的生理和心理需要,有相当大的诱惑。哲学的理性有助于我们节制。当前各种新技术的应用已十分普遍,但一般说来技术创新以尽快获利为目的,往往不顾长期使用某种技术的后果。哲学就可以从长远的眼光来思考技术,预先分析和估计其长远的后果,努力减少技术应用的负面影响。

哲学有助于我们树立全局意识,超越认识的片面性。局部组成全局,全局有局部所没有的属性。而每个人都只能生活在局部之中。哲学是关于全局的认识。近代以来,科学日趋专业化,划分了很多的大小学科,各有各的研究对象,这是科学发展的进步。但这产生了局限性,容易使人只见树木,不见森林。哲学则可以超越学科的界限,对科学成果进行综合性思考。所以,任何具体科学无论如何发展,都因学科分工所限,不可能提供对整个世界的最一般、最本质的认识,唯有哲学不受学科、专业的限制,能够提供这种认识。

所有事物都是"多面体",具有多方面的属性。在一定的时间内,在一定的条件下,只能显示其一方面或有限几方面的属性,而不可能同时展示它的所有方面的属性。哲学则可以帮助我们对在不同时间、不同场合看到的不同属性,加以综合分析和概括,从而得出比较全面的认识。

事物暂时还未直接表现出来的属性、事物的普遍属性、事物的整体性质、事物发展的负面作用、我们行为的长远后果,容易被我们忽略,哲学则使我们关注这些方面,以减少认识和行动的失误。在这个意义上可以说,哲学富有批判的精神。哲学既是对已有成果的概括,又是对人类认识和行为的反思,以实现思想上的超越和升华,这就是哲学的功能。

哲学也不可能无所不知,它只认识世界的最一般本质和最一般规律。对世界各领域的具体属性和具体规律的认识,超出了哲学研究的范围,那是各门具体科学的任务。具体科学不能取代哲学,哲学也不能取代具体科学。同样,哲学可以提供我们做好工作的一般思想,但不提供解决具体工作的具体做法。工作中蕴含哲学道理,但哲学不能取代具体的工作方法和工作经验,仅靠哲学不能解决任何具体问题,但解决任何具体问题,都同哲学有一定的关联,因为事事都有哲理。哲学用于实际工作,一定要联系实际,联系具体的客观状况,联系所做工作的特殊性。从实际出发,而不是从哲学概念出发,脱离实际的哲学只能是空谈。联系实际的哲学理论,才能充分展示出

哲学的大智慧。

▶▶ 哲学:品性的升华

> 平凡未必伟大,但可以崇高。
> 爬、走、跳、飞,人生的四种境界。

人性不是完美无缺的。人性天生就有弱点。人类需要不断地自我超越,自我完善,以实现品性的升华。

人来自动物。从物种的角度讲,人类由猿类进化而来;从个体的角度讲,每个人刚出生时,如同一个小动物。人的胚胎在外观上,与一些哺乳动物的胚胎类似。

什么是人?人的本质是什么?从哲学上讲,人是物质实体与精神主体的统一体。物质实体与精神主体,二者缺一不可,并密切联系。人既有物质性,又有精神性。在宇宙万物、芸芸众生中,唯有人具有这双重本质。从哲学上讲,人有双重生命:物质生命与精神生命。

人具有物质实体,这个实体就是人的身体。人体是生物体,是一种动物体。从生物学角度讲,人是一种动物,因此人具有动物性,即生物性。

中国古代哲学曾讨论过人的最初本性问题,即人之初,是性本善还是性本恶。其实刚出生的婴儿,还没有形成自我意识和自主意识,还不能对自己的行为负责,更不可能区分善恶。因此,人之初谈不上是恶是善。人之初,从行为上看,同动物没有什么区别。所以我们应当说,人之初性本物。这儿的物就是动物。

人的原始本性是动物性。人人天生都具有动物性,动物性伴随每个人的一生。所以人性不是天生就完美的。

我们可以从几个方面看到人的动物性。

人的身体是动物体,是由动物细胞组成的。人类和大猩猩的基因相似度高达98.8%。类人猿的一些动作甚至表情都很像人。

人的生命是生物学生命。人要维持生存,就要吃、穿,从环境吸取营养和能量。人生老病死的生命过程,同一般动物没有本质的区别。

人有物性,就有物欲。人若没有物欲就很难生存,物欲的满足也会给人带来快感,维持生命与享受人生都离不开物欲的满足。人的物欲的原始本性、原始状态,是动物的欲望。

当今国际社会,有些国家、有些人恃强凌弱,他们推行弱肉强食的"丛林法则",就是反人性的动物行为法则。群居动物(大猩猩、狒狒、猴等)群体的首领享有特权,如优先享用食物权,大猩猩首领的儿子也享有特权。这类现象在人类社会也可看见。

自私、贪婪、纵欲、欺软怕硬、只顾眼前、只追求个人

的物质利益与物质享受,这些不良的观念、生活方式与心态,其根源都同人的动物性有关。

人具有一定的动物性,但动物性不是人性。人除了具有物质性,还具有精神性。人的品格不是由身体状态决定的,而是由精神面貌决定的。所以人与人品格的差别,也主要是思想、意识、情感上的不同。人的精神主体性表明,个人的观念、行为方式、生活方式、交往方式,都是自己的选择。我们能设计自己的言行,也能反思自己的言行。反思是理性的思考,理性地回顾、检查自己的工作与生活,得出哪些该坚持、哪些该改正的理性结论。

通过不断的反思,我们可以逐步认识到自己的弱点、缺点和错误,认识到动物性在自己身上的表现,下定改正的决心。这种反思和改正自身缺点的过程,就是对自身动物性的超越。

动物性是人的劣根性,因此克服动物性是战胜自己的十分艰苦的过程。动物性伴随终身,终身都要努力超越。

超越的第一步,也是相当艰难的起步,就是理性地对待自己的物欲。这是要跨过的第一个"坎"。

物欲有三个层次。其一是生存性物欲,指维持生物学生命的物质需要。这种物欲是完全合理的,而且是社会的最基本问题,应高度重视。人们的生存性物欲大体相同,即吃饱、穿暖、有栖身之地。这种物欲的满足并不会消耗很多的物质生活资源。

其二是享乐性物欲。不仅要维持生命,还要享受人生。要吃得好,穿得美,住得舒适,就是我们通常说的过上好日子。这是追求幸福生活的表现,是我们奋斗的目标。这不仅是生理需要,更是心理需要。但由于各人的经历、文化素质有别,所以对这种物欲会有不同的理解和感受,这是需要理性对待的。要注意享乐有度,不可浪费,不可污染环境。

其三是奢侈性物欲。这是畸形的、变态的物欲,是享乐性物欲的极端化。其主要特征是纵欲,跟着欲望走,随心所欲,为所欲为。它同人的虚荣心、不正常的占有欲和错误的消费观念密切相关。奢侈性消费远超出公众享乐性消费的水平,造成资源的巨大浪费、环境的严重污染和个人品格的堕落。

人的物欲有自发膨胀的趋势。物的消费一般遵循效益的递减原则。随着同一种物重复消费次数的增加,其愉悦感受会逐步递减,于是人们就会自发寻求新的满足。原本物欲得到满足后,又会导致新物欲的出现。贪婪是人性的一个弱点。追求利益的最大化,必然会追求物欲满足的最大化。所以生存性物欲发展为享乐性物欲后,又会自发扭曲为畸形的物欲。

所以我们要自律、控制、节制物欲。这是人的自觉性的表现。

但这不是一件容易的事。对于生理和心理的不合理需求,理性是难以管控的。

在这种情况下,懂得一点哲学道理是有帮助的。哲学告诉我们,凡事都有个度,超过这个度,好事也会变成坏事。量的积累有一个过程,积累到一定程度才会发生质变,这种积累又往往不被我们所觉察。感觉未能告诉我们的,哲学会告诉我们,会使我们预先知道长期纵欲的恶果。哲学是远见。

更重要的是,哲学还告诉我们,人具有物质实体,但人更是精神主体。所以人既有物质需要,也有精神需要;既有物质生活,也有精神生活;既有物质消费,也有精神追求。这是人与动物的本质区别。

物质生活是前提和基础,动物也是如此。但精神生活是更高层次的境界,这是动物所没有的。物质需要是自发的,精神生活只能是自觉的。物质生活的重要,人人皆知,无师自通。认识精神生活的意义,则需要接受教育,需要哲学修养。这是因为满足物欲,同人的动物性一致;追求精神的高尚,则同人的动物性相悖,需要克服动物性。

在很长的历史时期内,人类的第一要务是生产、交换和消费物质生活资料。物质生活是人类生活的主要内容、基本内容,甚至对许多人来说是全部内容,所以温饱是头等大事。但即使在这个时期,精神生活仍有一定意义,人类也创造了璀璨的精神文化。随着物质生活资料的极大丰富,随着人们的精神素质的不断提高,总有一天,精神生活将成为人类生活的主要内容。

在这以前,我们就应当使自己的物质生活和精神生活并重,二者均衡协调。人的精神主体性就是人的自觉性,哲学是提高自觉性的思想武器。

精神追求的重要内容是对美德的向往。

在复杂的现实生活中,有些人的行为是不道德的。为什么会出现这种情况？根本原因是谋求私人利益的不良行为的成本很低,却常能生效。如上游的人把污水倒进河里,自己方便,却把污染转嫁给下游的人。卖主克扣斤两可多赚钱。这样做的人明明知道这是在损人,但因为可利己,所以就这样做了。为了利己不惜损人。

对于这些人,既要正面教育,也要加强管理,道德说教是必要的,但要有针对性,要着重说明损人即损己,利人即利己的道理。善有善报,恶有恶报,不是不报,时候未到。人人都污染环境,自己也受污染；做生意不讲诚信,最后会失去顾客,吃亏的还是自己。遵道和违德都会有回报。在文明社会中,大家都幸福,自己才更幸福。

对于少数只顾眼前私利的人,普通道德教育的效果一般不会很大,道德教育不是万能的。所以还要制定有效的政策和规则,对不良行为实施经济惩罚。惩罚要有力度,不是高高举起、轻轻落下,而是重重落下,让这些人

有切肤之痛,不得不对自己的不良行为重新权衡利弊,认识到违德行为得不偿失,不值得去做,甚至不敢去做。

这就掌握了一种生存智慧,使人们权衡利弊时,既想到自己,也想到别人,既看到眼前,也想到以后,变得聪明起来。

现实生活是复杂的,在很多情况下按道德行事,会有损自己的一些利益。善者严于律己,有道德"负重";恶者则不择手段,毫无顾忌。恶也会有自发膨胀的趋势,善是自觉的约束,所以从善如登,每登高一步,都是一次自我战胜;从恶如崩,处处都可以是崩溃的途径。明代哲学家吕坤说:"防欲如挽逆水之舟,才歇力,便下流;为善如缘无枝之树,才住脚,便下坠。"难怪人们称道德滑坡的人是"堕落""下流"。

丰富自己的精神生活,立志提高自己的精神境界,是人性的升华。前面说的道德观念是生存智慧,而把道德看作自身的完善,那就是道德的更高层次——精神追求。这是把道德行为看作人应尽的义务和社会责任,看作人应有的博爱之心。具有不计报酬、在特殊情况下甘愿自我牺牲的无私奉献精神,把道德观念从"值得"提高为"应该"。这是两个不同的思想境界。

恩格斯说,精神是物质的最高精华。精神生活是人生的精华。这是人性的光辉,是对动物性的超越。

恩格斯还说:"人来源于动物这一事实已经决定人永

远不能完全摆脱兽性,所以问题永远只能在于摆脱得多些或少些,在于兽性或人性的程度上的差异。"

恩格斯指出,经济学家把自由竞争、生存斗争学说看作经济学的最高成就,而达尔文进化论却认为这只是动物界的正常状态。恩格斯说,人类有两次提升。第一次是在物种方面把人从其余动物中提升出来。这次提升已由人的物质生产劳动所实现。第二次是在社会方面把人从其余动物中提升出来。这次提升的难度远超过第一次提升。人类完成了这两次提升,才成为真正意义上的人。

这两次提升,是人类对自身动物性的巨大超越,是人性两次历史性的升华。

总之,哲学使我们超越认识的局限性,哲学使我们的品性不断升华。越超与升华是哲学的神圣使命。

▶▶只要认真,便可学好

小草拥有寸土,浮云不拥有天空。
线留在衣服上,针却早已离去。

人人的认识都有一定的局限性,人人的品性都要不断升华,所以人人都应当学哲学。

人人皆有一定的哲学思维能力,人人的工作和人生经历都蕴含一定的哲理,所以人人都能学好哲学。

大众学哲学可以提高哲学素质,结合所从事职业的

实际,提高自己的工作能力和精神状态,成为有智慧、有能力、有修养、有品位的人。

哲学专业的大学生,要系统学习哲学知识,认真掌握哲学理论,初步具备哲学分析概括能力,注意养成理论联系实际的学风。

哲学专业的大学生应当怎样学习哲学?

专业学习开始时,要对哲学有初步的了解,具有一定的哲学兴趣。如果暂时还没有什么兴趣,可以在学习过程中逐步培养。

要认真学习马克思主义哲学,这是学习全部专业课程的基础。要刻苦学习马克思主义哲学的经典著作,如《共产党宣言》《1844年经济学哲学手稿》《德意志意识形态》《反杜林论》《自然辩证法》《路德维希·费尔巴哈和德国古典哲学的终结》等。对这些经典著作要细读、精读、反复读。先弄懂字句的意思,然后思索其深刻含义,要反复思索。经典著作每读一次都会有新的体会。适当读一些参考书是可以的,但决不能取代对原著的学习。要原原本本地学。读原著只有下苦功夫才行,没有捷径可走。

学习马克思主义哲学原著,以本义为主、通义为辅,有一些我义,并逐步丰富我义的内容。例如,用自己的语言解释原著,自己举例说明,直到提出自己的问题,有自己的初步理解。以掌握马克思主义哲学的立场、观点和方法,树立对马克思主义哲学的信仰为目标。

"中国哲学史"和"西方哲学史"也是基础性课程。哲学是历史的学问。前面说过,同一个哲学概念、哲学观点,不同时代的哲学家会有不同的理解,对同一个哲学问题会有不同的回答。所以哲学史的内容非常多样和丰富,哲学史研究也就成了哲学研究的重要领域。不了解哲学史,就不可能了解哲学。要认真学习哲学家的基本观点及其历史背景与历史地位。

要以哲学为主,兼顾文理,对文理都有一些了解,这是由哲学的性质决定的,所以知识面要宽一些。哲学有时被划入文科,但它同社会科学、人文学科又有所不同。我们经常用"哲学社会科学"一词,是因为大多数人学哲学是为了正确认识和解决社会问题。要学一些社会科学、人文学科知识。要学一点自然科学知识,了解当代技术发展的状况,读一些科普读物。知其然,可以不知其所以然。

在广泛学习的基础上,发现自己的兴趣点。将来若计划考研,也好做些准备。

哲学虽然比较抽象,但并不难学。只要认真,就能学好。

哲学的历史

> 唯有历史上的思想
> 一直活跃到今天。

就人类文明的整体而言,哲学已经有近 3 000 年的历史。这 3 000 年来,群星璀璨,大师迭出,无限风光。不过,就像中国的古诗所说:"横看成岭侧成峰,远近高低各不同。"观看这 3 000 年来历史的角度不同,看到的景象就会有所不同。对中国人来说,哲学的主体呈现为中国哲学、西方哲学和马克思主义哲学三大源流。

▶▶ 马克思主义哲学的辉煌

> 哲学家们只是用不同的方式解释世界,而问题在于改变世界。
>
> ——马克思

上面这句马克思的名言,表明了马克思主义哲学同以往哲学的根本区别。

马克思主义哲学在19世纪40年代诞生,这同当时社会、政治、经济状况,自然科学的发展和哲学的历史进程密切相关。

当时欧洲的机器大工业已发展到一定程度,生产力水平迅速提高。与此同时,社会化大生产同生产资料资本家私人占有的矛盾、工人阶级与资产阶级的矛盾日益加深,爆发了法国里昂工人起义、英国宪章运动和德国西里西亚纺织工人起义,工人阶级运动登上历史舞台。无产阶级要实现自己的历史使命,需要科学理论的指导。

19世纪自然科学的新发展,为马克思主义哲学的形成提供了自然科学前提。近代的早期科学家基本上是用孤立的、静止的方法研究自然界,取得了不少成果,于是有的科学家与哲学家由此认为世界本来就是孤立的、静止的,提出了形而上学自然观。19世纪自然科学的三大发现揭示了自然界的联系和发展。能量守恒与转化定律说明各种能量与运动形态的相互联系与转化以及运动的守恒。细胞学说揭示了动物和植物之间的联系。达尔文进化论论述了物种的进化过程。此外,电磁学理论表明电与磁的相互转化。热力学第二定律指出了运动变化的方向。马克思主义的辩证自然观是这些发现的科学概括。

黑格尔哲学中的辩证法和费尔巴哈哲学中的唯物主义,是马克思主义哲学的主要理论来源。黑格尔认为"绝

对精神"是世界的本原,但他认为"绝对精神"不断地变化发展,并提出了辩证法的基本规律。马克思和恩格斯抛弃了黑格尔的唯心主义体系,批判地吸取了他的辩证法思想的"合理内核",把辩证法建立在唯物主义的基础之上,创立了唯物辩证法。费尔巴哈认为自然界是独立于人的意识之外的客观存在,这是他的哲学的"基本内核"。但费尔巴哈把人看作脱离历史条件和社会实践的生物学上的人,不了解人与自然界的关系,不了解社会实践的意义,从而陷入了形而上学与唯心史观的困境。马克思与恩格斯批判地吸取了费尔巴哈的唯物主义思想,把唯物主义辩证法贯穿到社会历史领域,创立了历史唯物主义。批判地吸取不是简单的照搬,而是理论的创新。

恩格斯还特别指出以往旧唯物主义有三大缺陷。其一是机械唯物主义,以牛顿力学为基础,认为人和世界都是机器,实际上主张用机械力学解释一切,包括社会历史。其二是形而上学唯物主义,不能把整个世界理解为相互联系的不断发展过程。其三是唯心史观,即使在自然观上坚持唯物主义,但再前进一步,进入社会历史领域,就是唯心主义了。恩格斯还指出,一些人把唯物主义说成追求贪吃、酗酒等"龌龊行为",唯心主义信仰美德和人类的爱,这完全是偏见。马克思主义哲学既重视物质生产和物质生活,又重视精神追求和人的自我完善。

马克思主义哲学由辩证唯物主义和历史唯物主义两大部分组成,二者不可分离,"是一块整钢",在哲学史上第一次实现了唯物主义自然观与唯物主义历史观的结合，唯物主义和辩证法的结合，是世界观与方法论的统一。马克思主义哲学的创立和发展，是哲学史上的伟大革命。

马克思主义哲学认为，物质和精神的关系问题是全部哲学的基本问题。前面已提到，物质与精神是两个最大、最基本的哲学概念，把这二者的关系理解为哲学的基本问题，是马克思主义哲学的独创。这个问题有两个方面。第一个方面，世界的本原是物质还是精神？主张物质第一性是唯物主义，主张精神第一性是唯心主义。第二个方面，指人的思维意识能否正确认识世界的问题，对此做肯定回答的是可知论，相反是不可知论。

马克思主义哲学的这个观点具有十分深刻的理论意义和现实意义。它告诉我们：物质派生精神，精神又可以转化为物质。唯有人能实现这种转化。这是人类实践活动的真谛。

这个哲学基本问题为我们认识各种问题提供了最基本的视角和思维方式，使我们能抓住各种问题的本质。什么是人？人是物质与精神的统一体。人的所有活动，说到底都是物质与精神的相互转化。我们的崇高理想是实现人类的和谐发展，说到底是物质与精神的协调发展。精神是物质的最高精华，其含义更加深刻。这是最根本的哲学，是世界观和方法论的灵魂。

关于世界的最一般本质,辩证唯物主义认为,世界是客观的物质的世界,不断运动转化,有其客观的规律,提出了物质的哲学概念,指出物质既不能创造,也不能消失。物质有不同的层次,如天体、物体、分子、原子、原子核(质子与中子)、基本粒子、夸克等。物质有各种形态,粒子和场(如电磁场、引力场)、粒子和反粒子(如电子和带正电的电子)、暗物质(既不发光也不吸收光,其数量远比可见物质多)。此外,弦理论认为物体由弦构成,这种物质形态的共同属性是客观实在性,这是物质多样性中的统一性。

物质存在于永恒的运动中,没有运动的物质是不存在的。"刻舟求剑"的故事告诉我们,不能用静止的观点观察事物。运动既不能创造,也不会消失。运动的形态多种多样,如自然界中的位置移动、物理运动、化学运动、生命运动以及分子运动、原子运动、粒子运动等。各种运动形态在一定条件下相互转化。世界的本质是由物质及其运动决定的。

永恒运动中包含静止。运动是绝对的、静止是相对的。或者说变中又有不变,变是无条件的,不变是有条件的。我们通过对运动形态的认识,来认识物质形态。相对静止也有认识意义。物质的稳定性也是一种静止状态,这样才能分辨出不同的物体。赫拉克利特说:"人不能两次踏进同一条河流。"他还说:"我们既踏进又不能踏进同样的河流。"今天的我与昨天的我,基本上是同一个我,虽然我每时每刻都在变,若没有相对稳定性,那万物都无法辨认了。

物质的运动都是在时间与空间中进行的。世界存在于时空之中。时间是一维的,"时乎时乎不再来。"空间是三维的:长、宽、高。狭义相对论表明,时间具有相对性。例如,一个事件持续多长时间,在不同参考系测量的结果会不一样。广义相对论指出,在引力的作用下空间会弯曲。按"时间圈环"的猜想,时间旅行即从现在回到过去是可能的。弦理论应用了多维空间的概念。

世界除了物质以外,还有更为复杂的精神。现代科学对人的物质实体(人体),已了解很多,但对作为人的主体的精神的发生,却知之甚少。人的意识对自身的起源和本质的认识,至今仍是个大难题。马克思主义哲学认为,意识是物质发展的产物。意识是人脑的机能,人脑的出现是自然界演化的奇迹。人脑可以关注135亿年的时间跨度和135亿光年的空间跨度,可是对人脑的认识仍处于早期阶段。

物质决定意识,意识有能动作用:认识世界,为人的行动制订目标和预计效果,对人的言行进行反思,为人的创造活动提供前提和手段。简单说,就是认识、设计、反思和创造。最重要、最本质的是创造。我创造,故我在,人的所有创造活动都是存在—意识—存在的过程,或物质—精神—物质的过程。先有石头,然后才会有人对于

石头的认识；先有手机的设计，然后才制造出手机。

发挥人的意识的主观能动性，一定要按客观规律办事。规律是事物发展的必然联系。事物变化发展的细节是不确定的、偶然的，可能这样也可能那样。但它的方向、基本过程则是确定的、必然的，只能是这样不可能是那样。如红薯的大小、形状是不确定的，但红薯生长的方向、基本过程以及所需的必要条件都是确定的。规律是客观的，不以人的主观愿望为转移。"人有多大胆，地有多大产"的说法是错误的，揠苗助长也只能适得其反。我们认识、掌握规律归根到底是为了很好地发挥主观能动性。

人工智能技术的发展，会使我们对人的意识的本质与功能有新的认识，技术的功能就是用技术物取代自然物和人自身。石器和工作机取代人的双手，动力机取代人的体能，电脑取代人脑，人工智能取代人的智能。人工智能的发展，使我们对人的意识的本质和功能有了崭新的认识。电脑能对人的思维活动进行模拟，因为人工智能与人类思维具有某些相同或相似的机制，电脑也能像人脑一样具有自我控制过程、接受信息和使用信息的过程。这表明人的意识并不神秘。人工智能可以强化、优化和取代人的智能，突破人脑的局限性，把人的主观能动性提高到新的水平。人的意识的功能、内容是多面的，它能被人工智能完全取代吗？例如，人的感情可以用技术制造和控制吗？

意识是物质的产物,所以世界虽有物质与意识两大类存在,但世界是统一的。世界的统一性就在于它的物质性。

世界是物质的世界,又是相互联系、不断变化发展的系统。

世界上没有孤立的事物,各种事物都是相互联系的。自然界的各种物体相互联系。太阳系中太阳与行星相互有引力作用,地球上的能量都来自太阳。根据地质学的板块学说,现在的几大洲过去曾连成一片,将来也会重新聚在一起。合久必分,分久必合,地球是个整体。动植物皆由细胞构成。植物向动物提供氧气,动物向植物提供二氧化碳。

自然界与社会相联系。人类社会是自然界长期发展的产物。人由猿进化而来,劳动使猿变成了人,人组成了社会。自然界永远是人类社会存在和发展的前提与物质基础。

人类生产劳动的产品,是以自然物为原料,用人工改变它的结构,从而创造出的人工自然物。人工自然物在天然自然条件下是不会出现的,只能由人来创造。大自然可以演化出一座喜马拉雅山,但演化不出一枚小小的大头针。人工自然物有双重属性:既有自然属性,又有社会属性;既是自然的物质存在,又是社会的物质存在;既遵守自然规律,又遵守社会规律;既是物质实体,又是一

种文化形态。人工自然物的双重属性,来自人的物质与精神的双重属性。近代机器大工业制造了一个新的自然界——人工自然界。天然自然界是人类生存和发展的大环境,人工自然界则是小环境。人工自然物、人工自然界的出现,具有极其重要的哲学意义。它们是自然与社会之间的桥梁和过渡形式,深刻地揭示了自然与社会、人与自然的本质联系。

在社会中,各个国家、民族相互联系,成为人类命运共同体。在我国,少数民族离不开汉族,汉族也离不开少数民族,全国一盘棋。

相互联系的内容十分丰富,包括相互促进、相互限制、相互排斥、相互渗透。

相互促进、相互渗透会导致事物的发展。一加一会大于二,整体功能大于各部分功能之和,所以世界又是不断变化发展的世界。变化是改变原有的状态,这是无条件的;发展有方向,是向前变化的,是由低级到高级、由简单到复杂的过程。发展是有条件的,发展是新事物产生并最终战胜旧事物。新事物符合事物发展规律,代表历史前进的方向,具有强大的生命力和远大的发展前途。新事物刚开始时总是不够完善,它的发展进程是曲折的,有时甚至会出现暂时的倒退,它会遭遇落后思想和反动势力的反对,但它是不可战胜的。新事物不等于新出现的、时髦的事物。不仅要看形式,更要看内容。我们要善于发现新事物,热情支持新事物。

马克思主义哲学的辩证法,有十分丰富的内容。唯物辩证法的基本规律有对立统一规律、质量互变规律和否定之否定规律。对立统一规律揭示了事物普遍联系的内容和事物发展的动力,质量互变规律揭示了事物变化发展的形式和状态,否定之否定规律揭示了事物发展的方向和道路,这三条基本规律是一个整体。

事物是相互联系的,相互联系的本质是相互作用。相互作用的内容是什么?又有什么意义?认识事物之间联系的切入点,是分析两个事物之间的联系,这是相互联系的最普遍、最基本的形式。

辩证法哲学的一个伟大贡献,就是发现了世界的一大秘密:世界充满了矛盾。矛盾是世界的本质,世界及其万物都是矛盾体。矛盾就是对立统一,既对立又统一。矛为的是破盾,盾为的是折矛。但无矛也就无所谓盾,反之亦然。对立是矛盾的斗争性,统一是矛盾的同一性。斗争性指相互排斥,或相互限制、相互抵销、相互否定。同一性指相互依存,或相互包含、相互促进、相互转化。事物发展的原因也要到矛盾中去寻找。矛盾的出现原本是事物发展的障碍,矛盾的解决便推动事物的发展。而矛盾的解决还是要通过矛盾双方的作用才能完成。

为什么世界如此千变万化、丰富多彩,又不断推陈出新?这全是矛盾的展现,矛盾的运作。矛盾是世界的生

命,世界是矛盾的作品。无论是认识一片叶、一棵树,还是一片森林,都要认识它的矛盾。矛盾也有普遍性和特殊性。人人有矛盾,事事有矛盾,处处有矛盾,时时有矛盾,这是矛盾的普遍性。不同的事物有不同的矛盾,同一个矛盾在不同的时间、不同的环境,也会有不同的特点,这是矛盾的特殊性。一个比较复杂的事物,会包含若干矛盾。要全面、精准地认识事物,就要分清基本矛盾与非基本矛盾,主要矛盾与次要矛盾,内部矛盾与外部矛盾,对抗性矛盾与非对抗性矛盾,还要辨清矛盾双方的主次关系。这一切在一定条件下又会相互转化。

事物都有质和量,事物的变化有质变和量变两种形态。质是事物的性质,是这一事物而不是别的事物的决定因素。量是可以用数量表示的事物的具体特性,如事物存在和变化的规模、程度。事物的变化发展通常从量变开始,它是容易引起的细微的、渐进的变化,常被我们忽略,"不知不觉"地发生了。量变积累到一定程度就会发生质变。质变通常使人觉得突然,其实冰冻三尺非一日之寒。有的质变采取外部剧烈的方式,如大楼的倒塌。有的质变则是逐渐发生的,以致难以精确确定发生的时间,如人的蜕化变质。从量变到质变的转折点是度。真理再向前迈一步也可能变成谬误。最后的一根稻草可以压死一头骆驼。我们思考和处理问题,我们的生活和工作,都要有个度,即有分寸,这是有远见、成熟的表现。

否定之否定规律进一步揭示了矛盾双方相互否定的

过程。任何事物都有肯定和否定两个方面。肯定是维护事物的存在,否定是结束事物的存在,使其转化成另一个事物。肯定与否定相互包含。肯定中包含否定因素:人的生命中始终包含旧细胞的死亡。否定中包含肯定因素:猿进化为人,人否定了猿,却又保留了猿的某些特征。形而上学认为,否定是绝对地否定一切,是发展的中断。辩证的否定则是批判中有继承,是继续发展的环节;既不肯定一切,也不否定一切。事物的发展是通过否定之否定实现的。事物开始时,肯定因素占主导地位,事物处于肯定阶段。通过矛盾斗争,否定因素战胜肯定因素,事物进入否定阶段,转化为新事物。这新事物内部又包含否定因素。事物发生再否定,这是否定之否定阶段,又会重复肯定阶段的某些特征。因此事物的发展是曲折的过程。

对立统一规律是辩证法的核心,质量互变规律和否定之否定规律实际上讲的是质变与量变的对立统一、肯定与否定的对立统一。

辩证唯物主义哲学有三对最基本的范畴,除了物质与精神、对立与统一外,还有认识与实践。这是人类生存和发展的两项最基本活动。

人的认识基本上有两种:感性认识和理性认识。

感性认识是人通过自己的感觉器官同外界事物发生联系,从而获得的认识。这是具体的、形象的感受,是对

事物外部现象的认识。在各种感觉中，视觉获得的感性认识占绝大部分，其次是触觉。生存和发展都需要同各种事物打交道，首先要认清这是什么东西，把它同别的事物区别开来。神农尝百草，不仅尝药物，首先是尝食物。对事物的感性认识会引起人们对它的感情。要进一步认识事物的本质，这是感觉器官不能解决的。这就要用大脑对感性认识进行抽象、概括，获得关于事物本质的理性认识，它是以概念、判断、推论的形式呈现的。事物是多面体，所以感性认识要全面，多观察，多接触，多体验，认识现象的多个方面，避免盲人摸象，以点代面。事物的本质有多层结构，要不断地思索，逐渐由浅入深。感性认识和理性认识都是对客观事物的主观反映，都是使外部事物进入头脑，或具象，或抽象。

认识同实践有什么关系呢？这是全部马克思主义认识论的最基本、最核心的问题。实践是人们能动地探索和变革客观世界的物质活动。实践是物质活动，最基本的是生产活动，变革物和制造物，要应用物质工具作用于物质对象。探索世界虽然以获取新知识为目的，但也要利用各种认识工具进行科学实验。人的实践活动是有目的的，实践既包含主观的愿望，又是物质的活动，是主体与客体的对立统一。实践是认识的基础，实践对认识的发生、发展、检验与应用起决定性作用。实践的观点是能动反映论的精髓。

实践是认识的源泉和发展动力。单纯地观察对象和在变革对象的实践中认识对象，是两种很不相同的认识。单纯的观望有很多的局限性，实践则可以超越这些局限性。前面说过，事物是多面体，有些方面不容易呈现在我们眼前，就像月亮的另一面。科学实践可以使认识对象处于特殊的状态，改变它同我们的联系，让我们能认识它的另一些方面。如我国的探月工程发射嫦娥四号探测器，降落在月球的背面。事物的性质有多层次结构，有的性质在表层，有的性质则隐藏在事物结构的深层，不可能直接展示在眼前。我们可以通过科学实验，让事物按照我们的设计变革其性质的层次结构，使深层性质转移到表层，从而使我们的认识深入事物的内部。如原子内部含有巨大的能量，但人们无法看到，通过重核裂变或轻核聚变，这种能量就会释放出来。认识的目的是满足实践的需要，从实践中获得认识，再把这种认识用于实践，指导实践，并经受实践的检验。实践，认识，再实践，再认识，循环往复，不断发展。由于科学技术的发展，实践出现了智能化、信息化、虚拟化的趋势，这是有待研究的新问题。

实践是检验真理的唯一标准。真理是对客观事物性质及其发展规律的正确反映。真理与谬误是相对立的概念。一种认识是真理还是谬误，不是由人的主观感受和愿望决定的，只能用实践来检验，这是马克思主义哲学的基本观点。1978年，我国开展的真理标准的大讨论，实际上是马克思主义哲学的一次大普及，为我国改革开放事

业提供了锐利的思想武器。《实践是检验真理的唯一标准》一文,最初发表在《光明日报》,南京大学哲学系教师胡福明是主要作者。

马克思主义哲学是辩证唯物主义和历史唯物主义的统一。历史唯物主义是人类社会发展的最一般规律的科学,是无产阶级和劳动人民认识社会、改造社会和建设社会的指导思想。历史唯物主义也有三对基本概念:社会存在与社会意识、生产力与生产关系、经济基础与上层建筑。社会远比自然复杂,但这三对范畴,却揭示了社会的深层本质。

社会存在与社会意识的关系问题是社会历史观的基本问题。社会存在主要指人类的物质生产、物质生活过程。社会意识主要指人类的精神现象、精神生活过程。社会意识包括政治、法律、哲学、道德、艺术、宗教等方面。社会存在决定社会意识,物质资料生产方式是社会发展的决定性力量。社会意识具有相对独立性,对社会存在具有能动作用。社会存在与社会意识的关系,同物质与精神的关系一脉相承。

生产力与生产关系、经济基础与上层建筑,是人类社会的两个基本矛盾,规定了社会发展的基本过程和趋势,是社会发展的根本动力。

生产力是人类进行物质生产的能力,它的基本要素是劳动者、以生产工具为主的劳动资料和劳动对象。现代科学技术对生产力发展的作用越来越大。生产关系是社会生产中人与人之间的关系，实质上是人们之间的物质利益关系。生产方式是生产力与生产关系的统一。在生产方式中，生产力是最活跃、最革命的因素，生产关系则是相对稳定的。生产力决定生产关系的性质、形式和变革。生产的发展从生产力的发展开始，当生产力发展到一定水平时，原有的生产关系就不再适应生产力的发展，就要引起生产关系的变革。生产关系对生产力的发展有反作用。

社会形态是经济基础与上层建筑的统一。经济基础是同生产力发展相适应的、占主导地位的生产关系。上层建筑是建立在一定社会经济基础上的意识形态、相应的制度和设施等。上层建筑包括思想上的上层建筑和政治上的上层建筑两方面。前者包括政治法律思想，艺术、道德、宗教、哲学等思想观点；后者包括政治法律制度，军队、警察、法庭、监狱、政治机构等设施。经济基础作为社会的经济结构，属于社会的物质关系，是第一性的；上层建筑作为社会的政治关系和思想关系，是派生的。上层建筑一定要适应经济基础的发展。上层建筑对经济基础有反作用。

社会是由人组成的。马克思说人是社会关系的总和。人与人的关系主要是利益关系。人们应当相互尊

重、相互协作，这样社会才会稳定，经济、文化才会繁荣，每个人都可以得到发展。在很长的历史时期内，利益的决定性作用是不可避免的，恃强凌弱也是"丛林法则"。这就要协调，协调中既有斗争，也有协商。创造与协调是人类两项永恒的基本任务。创造难，协调更难。人类社会在创造与协调中不断前进，人自身的品质也不断升华。

讲到这里，我们可以看到，马克思主义哲学的理论结构有一个特点，常用两个概念或两个判断来论述一个问题，如物质与精神、思维与存在、主观能动性与客观规律性、运动与静止、对立与统一、斗争性与同一性、质与量、肯定与否定、必然与偶然、普遍性与特殊性、相对与绝对、有限与无限、主体与客体、实践与认识、真理与谬误、归纳与演绎、分析与综合、抽象与具体、社会存在与社会意识、生产力与生产关系、经济基础与上层建筑等，都是一分为二，同时看到两方面，避免片面性。

马克思主义哲学的产生是哲学史上的伟大变革，它同以往各种形式的哲学都有本质的区别，在研究对象、方法、内容、作用等方面都发生了根本性的变化。

以往的哲学都各有其合理、深刻的思想，都具有一定的意义，但往往又具有一定的局限和缺陷。马克思主义哲学第一次提出了哲学的基本问题，使我们对哲学史上的唯物主义与唯心主义有了正确的认识。唯心主义哲学用主观的、幻想的联系，代替客观世界的真实联系，把世界看作精神的产物,颠倒了物质与精神、主观与客观的关系。旧唯物主义哲学虽然承认世界的物质性,但在社会历史观上最终陷入唯心主义的困境。旧唯物主义哲学又常常受到形而上学的影响,不能用联系、发展的观点和方法说明世界。唯有马克思主义哲学是对自然科学与社会科学的概括和总结,吸收了哲学史上的优秀成果,第一次全面、深刻地论述了自然、社会和人类思维发展的最普遍、最一般的规律,把哲学唯物论提高到崭新的阶段,突出了唯物史观的地位,揭示了世界发展的辩证法,提供了辩证的思维方式。

马克思主义哲学坚持唯物论与辩证法的统一、唯物主义自然观与唯物主义历史观的统一、世界观与方法论的统一、实践与认识的统一。马克思主义哲学是真理,其广度、深度、高度是别的各种哲学无法比拟的,它是真正科学的哲学。

马克思主义哲学的诞生,使国际无产阶级有了自己的哲学。它是无产阶级和广大人民群众认识世界、改造世界、建设世界的强大思想武器。它是革命性与科学性的统一。它至今仍充满活力,在实践中不断发展。

马克思主义哲学的光辉照亮我们前进的道路。我们热爱和信仰马克思主义哲学,我们努力学习和践行马克思主义哲学。

▶▶中国哲学的历史演进

> 君子喻于义,小人喻于利。
>
> ——孔子

所谓中国哲学史,顾名思义即中国哲学的历史。若要理解中国哲学的历史,有必要先思考一下什么是中国哲学。对于中国哲学,我们可以从两方面来看:从传统学问的角度来看,中国哲学主要指从先秦时期到清代或者20世纪初的、为解决人生切要问题而寻找根本的解决方法的中国传统思想;从现代学科的角度来看,中国哲学学科始于1914年北京大学设立中国哲学门,由此才开始以现代化学术视角、范式和方法将中国传统思想建构为作为现代学术的中国哲学。我们此处探讨的中国哲学史,主要是现代学术视角下从先秦至清末的中国哲学的演变脉络。大体上,中国哲学史可分为三个阶段:从先秦到汉代,此为中国哲学的第一阶段;从魏晋南北朝到隋唐,此为第二阶段;从宋代到清代,此为中国哲学的第三阶段。接下来,我们将以历史发展顺序,探讨各个阶段的发展脉络。

➡➡从先秦到汉代

一般来看,中国哲学主要涉及儒佛道三家的哲学。实际上,先秦时期的哲学家非常多,这是一个百家争鸣的时代,儒家、道家、墨家、名家、法家、阴阳家、农家、兵家等学派,纵横其间,横发直指,思想激越。在百家争鸣的背景下,儒家、墨家、道家是先秦哲学最主要的三大流派。儒家哲学以孔子、孟子、荀子哲学为代表,墨家哲学以墨子及后墨哲学为代表,道家哲学以老子和庄子哲学为代表。

孔子是儒家学派的代表人物,他非常重视仁和礼,这是孔子哲学的核心概念。什么是仁呢?孔子常常根据弟子们的发问进行阐释,诸如"刚毅木讷近仁""仁者,其言也讱""仁者安仁""观过,斯知仁矣"等,都是孔子在不同情境下的随机点拨。作为内在德行的仁,与作为外在规范的礼,关系密切,"克己复礼为仁"是仁、礼关系的直接表达。仁与礼建构了人类伦理生活的道德标准。后来,孟子继承发展了孔子的仁的学说,为什么人会有仁心?按孟子的说法:"人性之善也,犹水之就下也。人无有不善,水无有不下。"

孟子提出了性善论,人性之善如同水总是向下流一样,是一种天然的结果。依据这种天然的善性,人有四端之心:"恻隐之心,仁之端也;羞恶之心,义之端也;辞让之心,礼之端也;是非之心,智之端也。"仁、义、礼、智的美德和品质蕴含于恻隐之心、羞恶之心、辞让之心、是非之心,人可以通过尽其心,而知其性,进而上达天道而知天。由此,孟子将独善其身之仁心转化为了兼济天下之仁政,这样,个人之仁心扩展到政治生活中。相较于孟子注重孔子之仁,荀子主要继承发展了孔子的礼。荀子强调人性恶,即人天生就有好逸恶劳、趋利避害的本能,这是人性

本恶的体现。若要改变人的恶性,需要强化国家的礼法。对此,荀子不同于孟子侧重以仁、义等先天的内在德行来规约人,而是注重人的后天的行为修养,主张通过师法、礼仪等外在规范来促使人改恶向善。因而,荀子哲学注重隆礼重法,制天命而用之,力求打造国家社会的制度建构。后来,荀子的弟子韩非和李斯,系统地发展和实践了隆礼重法的思想,他们成为法家的代表人物。韩非建构了法家哲学的体系,李斯将法家哲学用于秦朝统治。

不同于儒家重视仁与礼,墨家和道家走了与儒家不同甚至相反的路。墨家反对儒家的差等之仁爱,主张无远近亲疏的兼爱;同时,反对儒家的繁文缛节式的礼仪规矩,反对厚葬、三年之丧。强调天志、明鬼的墨家,主张以鬼神来监督、惩罚人民。追溯墨家哲学的实用理性的源头,可以发现墨家有自己的方法论,即三表法。墨家以古者圣王之事、百姓耳目之实、国家百姓人民之利为评判言论思想的三个标准。进而,依循这种实用理性的精神,建立了较为系统的逻辑学,发现了光学、物理学等科学规律。由此可见,墨家走出了儒家以仁、礼为核心的道德体系,在实用理性的指导下开辟出具有朴素的科学技术色彩的墨家哲学。与墨家相似,道家也反对儒家的仁与礼,老子与庄子提出"大道废,有仁义,智慧出,有大伪""礼者,忠信之薄而乱之首""盗亦有道"等批判仁、礼的论断。不过,与墨家不同的是,道家非但不主张人为,反而提倡淡化人为,顺应自然。这样,主张废弃仁、礼的道家,生活上主张"不争""守柔",政治上倾向"小国寡民",倡导无为而治。这样看来,儒、墨、道三家哲学代表先秦哲学中天人关系的三种模式,墨家重人为,道家重自然,儒家是墨、道两家之中道。在儒家内部,孟子注重内在之仁,荀子重视外在之礼法,孔子为孟子、荀子哲学之中道。

秦朝是法家哲学的天下,以法为教、以吏为师的法家哲学将荀子以来隆礼重法的趋势推到极致。汉初兴黄老之学,与民休息。在秦汉之际,中国哲学从极端人为的法家哲学过渡到顺应自然的黄老之学。汉武帝时期,国力强盛,董仲舒提出天人相副的理论,进而通过观察自然,发现同类相感原则,将天人关系打造为囊括宇宙自然和人生的天人感应体系。这一体系建立在主观联想的基础上,虽然不是严谨的科学,但这种企图给予世界一种客观解释的努力,却具有科学精神。汉武帝时期,儒学被定为一尊。随着儒家学说获得正统地位,先秦以来百家争鸣的学术格局随之消解。东汉末年,佛教开始在中国流行,作为本土宗教代表的道教逐渐兴起。

➡➡从魏晋南北朝到隋唐

汉代之后,中国哲学进入魏晋玄学的阶段。随着汉代统一帝国的瓦解,天人感应之类的宏大繁杂的汉代哲学体系随之被魏晋玄学的清谈思辨所取代。一般而言,致力于探讨有无、本末、体用、名教与自然等问题的魏晋玄学,可划分为正始、竹林、元康三个时期,分别以何晏与

王弼,阮籍与嵇康,裴頠、向秀与郭象为代表人物。其中,何晏、王弼主张以"无"为本的"贵无论"思想。阮籍、嵇康关注名教与自然,强调"越名教而任自然"。裴頠主张以"有"为宗的"崇有论",向秀与郭象不偏向"贵无论"或"崇有论",强调天地万物的自生、独化。颇为流行的《世说新语》是玄学时代的作品,玄学人物颇有名士风流之感,其哲学多为没有厚重历史感的清谈论辩。

如果说魏晋玄学是道家思想在哲学领域的新发展,那么,道教则是道家思想在宗教领域的新突破。在汉代《太平经》《老子想尔注》等道教理论经典的基础上,道教进入成长、发展阶段。晋代葛洪著有《抱朴子》《神仙传》《隐逸传》等,以"玄"喻"道"。同时,葛洪精通外丹之术,试图根据天地之变化规律来改变生命轨迹。北朝寇谦之反对张陵、张衡、张鲁的"三张伪法",废除道教中"租米钱税制度"和"男女合气之术",结合儒家思想,同时吸收佛教仪轨与轮回思想来改革道教。此后,通道观、玄都观等道教宫观建立,灵宝派、茅山派等道教宗派出现,使得作为宗教的道教正式形成。与此同时,我国进入了以儒、道概念翻译佛教经典的格义阶段,佛教亦与儒、道相互批判、相互吸收,展开了三教之间的互动过程。在此期间,随着大乘空宗经典的翻译,出现了主讲般若空义的本无宗、本无异宗、即色宗、识含宗、幻化宗、心无宗、缘会宗,此为"六家七宗"。慧远、僧肇、竺道生等人成为此时期佛教哲学的代表人物。

隋唐时期,道教与佛教进入鼎盛时期。道教哲学方面,成玄英依据《老子》"玄之又玄"之说,较为系统地发展了有无双遣的重玄学说。同时,王玄览、司马承祯、杜光庭等从道物关系、道气关系、心境关系、体用关系的角度系统建构了道教哲学体系。

佛教哲学方面,智𫖮、法藏、玄奘、慧能分别代表了天台宗、华严宗、唯识宗、禅宗哲学的高峰。天台宗以《法华经》为根本,重视止观法门,提倡空、假、中三谛圆融的一心三观与一念即圆具三千诸法的一念三千之说。华严宗以《华严经》为根本,以"法界"为核心范畴,提出一真法界、四法界与法界缘起之说,以解释宇宙人生的本体与现象。唯识宗以《成唯识论》为根本,将人的心识分为八识,即眼识、耳识、鼻识、舌识、身识、意识、末那识、阿赖耶识,前六识可使人获得感性认识,末那识可使人获得自我意识,阿赖耶识含藏着变现一切诸法的共相种子与不共相种子,这是宇宙缘起的根本。禅宗是佛教中国化最成熟的一个宗派,开创南禅宗的六祖慧能是中国禅宗的代表人物,菏泽神会、青原行思、南岳怀让、南阳慧忠、永嘉玄觉等均为其弟子。慧能之后,弟子分化各方,禅宗遍传全国,逐渐形成临济宗、沩仰宗、曹洞宗、云门宗与法眼宗五个宗派。其中临济宗有黄龙与杨岐两个支派,此即"五家七宗"。慧能在禅学上重视将佛性收归于人性,重视人的自心、自性,提出"吾所说法,不离自性"。在禅学参悟方面提倡顿悟,反对拘泥文本,注重不立文字,强调直指人

心、当下即是的顿悟方式。慧能讲法的记录为《坛经》，这是中国僧人唯一一部被称为"经"的著作，是中国禅宗的重要经典。

在道教、佛教鼎盛的隋唐时期，儒家哲学较为平实。柳宗元主张自然元气论，从元气的角度诠释自然。刘禹锡在天人关系中注重天人之间的"交相胜"。与柳、刘不同，韩愈在人性论上主张性有上、中、下三品，上品之性纯善、下品之性为恶，中品之性则可善可恶，从而突破了孟、荀以来人性或善或恶的两极状态，彰显了儒家人性论的张力。并且，韩愈在批判佛、道二教的同时，借鉴佛教的法脉传衍系统，建构了从尧、舜、禹到周公、孔子、孟子的儒家道统。韩愈之后，李翱吸收佛教学说，将性视为纯善无恶之性，提出节情复性的哲学体系。韩愈、李翱为宋代以来新儒学的兴起吹响了号角。

➡➡从宋代到清代

宋元明清时期，中国哲学进入以新儒学为主的阶段。新儒学之"新"，主要在于儒者重拾成圣理想，以接契孔孟道统为己任。唐代韩愈重启了孔孟以来的儒家道统，直到宋代，新儒学才真正进入系统的哲学建构阶段。周敦颐依据从道士陈抟处获得的太极图，撰写了《太极图说》，给出了从"无极而太极"到"万物化生"的宇宙生成的图式，以及成圣的修养方法，为宋代新儒学的发展揭开了序幕。周敦颐之后，张载、程颢、程颐、邵雍，分别从"气"

"理""数"的角度建构儒家哲学体系,这五位儒者被称为"北宋五子"。进入南宋,朱熹和陆九渊分别是理学和心学的代表。朱熹主张"性即理","理"是构成天地万物的根本原则,也是一种本体,并揭示了"理"本体的先天性与本体性。不过,仅以"理"难以构成天地万物的实际存在,"气"是使事物成为实际存在的质料,任何事物都是"理"与"气"的结合。"理""气"之间以"理"为本,以"气"为辅。如果要成为圣人,必须通过格求天地万物所依据之"理"。这种方法为程颐所提倡,朱熹进一步将其补充到《大学》之中,成为"格物致知章"。通过不断地格求天下之物而获知事物之"理",加之不断地居敬涵养,可以使人豁然贯通天下事物之"理",达到圣人境界。

与朱熹不同,陆九渊以"心"为本体,提出"心即理"的命题。他认为宇宙不是独立存在于人的客观世界,宇宙是人的宇宙,人赋予宇宙间事物种种意义,从而将朱熹哲学中先天存在的"理"本体收摄到人心之中。同时,陆九渊提出"千万世之前,有圣人出焉,同此心,同此理也;千万世之后,有圣人出焉,同此心,同此理也。"这表明,此个人之"心"既为圣人之同心,又为宇宙之本心,是宇宙人生意义的终极来源。因此,陆九渊反对格物穷理的支离穷索,主张"先立乎其大者",也就是呈现个人之本心,这是学问的根本要旨,"学苟知本,六经皆我注脚"。在这种观点的指引下,陆九渊反对朱熹格物穷理的支离工夫,主张"呈现本心"的简易工夫。

随着元代统一全国，赵复讲学于太极书院，传播程朱理学，培养儒学人才。尽管许衡、吴澄、刘因等元代儒者并未有宏大的哲学体系建构，但元代儒学的中国哲学史意义不容忽视。随着程朱理学被定为科举考试的思想依据，程朱理学从南方地区的区域性儒学发展为全国性儒学，从南宋时期的民间儒学转变为科举依据的官方儒学。因而，曹端、薛瑄、胡居仁等明初学者承续了元代以来的理学传统，将理学精神落实于日常践履，成为明初理学的代表人物。明代中期，王阳明集陆九渊、陈献章以来心学之大成，结合个人生平经历与切身体悟，以"良知"为依据改造了朱熹的格物致知之说。王阳明与陆九渊类似，反对朱熹将"理"看作独立于人而存在的本体，而是从人心的角度理解"理"。与陆九渊不同的是，王阳明进一步将心具体化为良知，使认知功能的良知具有了本体意义。人的良知所知，即是天理之至当，人应该遵循良知而行，此即致良知，亦即知行合一。王阳明将心学推向了高潮，此后，以王龙溪、王心斋为代表的阳明后学在不同程度上越出阳明学的儒学本位，有泛滥为狂禅之弊。

进入清代，学者有见于晚明心学的空疏泛滥，学风逐渐由虚转实。颜元批判章句之学、清谈之学、佛道的空无寂灭之学，将"格物"之"格"改造为手格猛兽之格，提倡实际践行三事、六府、六德、六行、六艺的实学路向。清代中期，以戴震为代表的乾嘉学者以考据学方法，对儒学进行系统梳理、考据，力求避免宋明儒者以个人意见混同圣人本意的状况，以揭示儒学本义为旨归。为摒除佛道学说对儒学的杂扰，戴震以考据学方法对心、性、理、气、道等概念进行细致分析，建构出有别于理学、心学的哲学体系。乾嘉学者以汉代古文经学为本展开考据，晚清的今文经学家康有为著有《新学伪经考》《孔子改制考》，批判古文经学的合理性，为改制变法奠定理论依据。至此，清代中期注重文献考据的古文经学转变为晚清时期倾向改制变法的今文经学。

总体上看，中国哲学以天人合一为核心，以儒佛道为主流，三家哲学在漫长的思想历史进程中此起彼伏，不断磨合，以至融会贯通。总体上看，中国哲学史反映了中国传统文化变化发展的主要脉络，承载着中华民族注重生命、自然、和谐的文化气质。

▶▶西方的哲学与哲学家

> 哲学家……就像一个在暴风雨中退到墙的庇护下的人……当他看到其他人充满邪恶时，只要他能过好自己的生活，从邪恶或不义中得到净化，在和平和善意中离开，带着光明的希望，他就满足了。
>
> ——柏拉图

➡➡什么是西方哲学？

西方哲学是指西方世界的哲学思想，从古希腊和罗

马开始,延伸到中欧和西欧,以及自哥伦布以来的美洲。与之相对应的概念是东方哲学,包括产生于印度、中国、波斯、日本和韩国的哲学。

西方哲学关心的主要问题有:什么是真理?有没有客观的真理?什么是知识?我们能知道什么?我们应该做什么?什么是正义?什么是艺术?什么是美?价值是不是客观的?人是否有自由意志?等等。

西方哲学的漫长历史通常被认为是从米利都的泰勒斯开始的(前585年左右)。西方哲学史可分为四个阶段:

古希腊罗马哲学:前6—5世纪。

中世纪哲学:5—15世纪。

近代西欧各国哲学:15—18世纪。

德国古典哲学:18—19世纪。

➡➡著名西方哲学家

西方哲学史上出现了几百位世界知名的哲学家。限于篇幅,本节主要介绍六位哲学家的思想,分别是苏格拉底、柏拉图、亚里士多德、笛卡儿、休谟和康德。

✤✤苏格拉底

在《申辩篇》中,苏格拉底说自己所拥有的唯一知识就是什么都不知道,但如果就此推断他对道德问题没有看法，那就错了。他通过细腻的推理过程得出了许多看法。比如，他认为未经审视的生活是不值得过的，被不公正地对待比做不公正的事要好，对道德问题的理解是唯一无条件的善，美德是知识的一种形式，不同美德不能相互分离，死亡不是一种恶，一个好人不会受到伤害，神拥有人类所缺乏的智慧，永远不会有不道德的行为，等等。苏格拉底之所以相信这些命题，不是基于对教条的信仰，而是基于理性的论证。他愿意认真考察别人对这些命题的批评。在《克力同》这篇对话中，苏格拉底进行了这样的自我描述："我是这样一种人：永远只跟着最好的论证走。"

既然苏格拉底能够为自己的看法辩护，并对其进行了理智的审查，那么他为什么要把自己说成是一个没有知识的人——除了对自己无知的知识之外？答案就在于，他认为，只有在一个领域有完美造诣的专家才有资格宣称拥有该领域的知识或智慧。例如，只有当某人掌握了航海的艺术，能够回答关于航海的所有询问，并且能够训练他人做同样的事情时，他才拥有航海方面的知识。根据这种高的知识标准，苏格拉底很难说自己是道德专家，因为他对自己提出的许多问题没有答案，也不能教别人做一个有道德的人。尽管他审视了自己的道德信仰，并能为其提供理由——这一成就使他对同时代的人有一种霸道的优越感，但他认为自己离道德完美的理想——对所有道德问题的彻底理解——还很遥远。这种对人类

道德和智力缺陷的敏锐感觉是苏格拉底吸引人的重要原因。

❖❖❖柏拉图

柏拉图是苏格拉底的学生,是最重要的哲学家之一。英国数学家和哲学家怀特海说:一部西方哲学史只不过是柏拉图的一系列注脚。柏拉图认为,我们看到的世界并非真实的世界。表象和真实之间存在着巨大的差异。我们中的大多数人把表象误认为真实。我们认为我们了解,其实我们并不了解。柏拉图认为,只有哲学家才了解世界的真实面貌。他们通过思考而不是依赖感官来发现世界的本质。

为了说明这一点,柏拉图描述了一个山洞。在那个山洞里,有一些人被锁住,面对着一堵墙。他们可以从面前的墙上看到闪烁的影子,他们认为这是真实的东西。但它们并不是。他们看到的是在他们身后的火堆前被举起的物体产生的影子。这些人一生都认为投射在墙上的影子是真实的世界。后来,他们中有一个人挣脱了锁链,转身走向火堆。起初,他的眼睛第一次看到光,什么也看不清楚,但后来他看到了自己在哪里。他跌跌撞撞地走出山洞,最终能够看清太阳。当他回到山洞时,没有人相信他所说的外面的世界。挣脱束缚的人就像一个哲学家,他看到了超越表象的东西。普通人对真实世界没有什么概念,因为他们只满足于看眼前的东西,而不是深入思考它。但表象是骗人的。他们所看到的是影子,而不是真实事物。

柏拉图认为我们看不见、摸不着、听不到的型相才是真实的(型相旧译"理念")。想一想你在生活中看到的所有圆圈,其中有哪一个是完美的圆吗?不,没有一个是绝对完美的。在一个完美的圆里,圆周上的每一个点与中心点的距离都是完全一样的。我们看到的圆从来没有完全做到这一点。但是,当我使用"完美的圆"这个词时,你明白我的意思。那么,什么是完美的圆呢?柏拉图会说,完美的圆的概念就是圆的型相。如果你想理解什么是圆,你应该专注于圆的型相,而不是专注于你画出的那些可以被看到的圆——所有这些圆在某种程度上都是不完美的。同样,柏拉图认为,如果你想理解什么是善,那么你需要专注于善的型相,而不是你所目睹的那些善的行为。哲学家是最适合以这种抽象的方式思考型相的人,普通人会被他们通过感官掌握的世界带入歧途。

因为哲学家善于区分真实与表现,所以柏拉图认为他们应该拥有所有的政治权力。在《理想国》中,柏拉图描述了一个想象中的完美社会。哲学家处于最高层,并获得特殊的教育,但他们为了他们所统治的公民而牺牲自己的快乐。在他们下面是为保卫国家而训练的士兵,在士兵的下面是工人。柏拉图认为,这三类人将处于一种完美的平衡之中,这种平衡就像一个平衡的头脑,理性的部分控制着情感和欲望。

✥✥亚里士多德

亚里士多德是柏拉图的学生。他否定了柏拉图的型相理论,但没有拒绝"型相"这个概念。在亚里士多德看来,型相并不独立于事物而存在——每一种型相都是某种事物的型相。他区分了"实质型相"和"偶然型相"。F 是 X 的实质型相 = 如果没有 F 这种型相,X 将是另一种东西,或者将完全不存在。比如,"黑美人是一匹马","马"是黑美人的实质型相,如果没有这个型相,黑美人就不会存在。F 是 X 的偶然型相 = 即使没有 F 这种型相,X 的本质也不会改变。比如,"黑美人是黑色的","黑色"是黑美人的偶然型相。黑美人可以改变颜色(有人可能会给它上色)而仍是一匹马。实质型相和偶然型相既不是被创造出来的,也不是永恒的。在一个事物被制造出来的时候,它们被引入。偶然型相也可能是一个事物被制造出来之后获得的。

亚里士多德最著名的理论是他的幸福观。在他之前,苏格拉底和柏拉图都思考过"我们应该怎样生活?"这个问题。亚里士多德的回答是:寻求幸福。对于亚里士多德来说,幸福并不是我们平常感觉到的那种短暂的快乐时光,而是更客观的东西。想想一朵花,如果你给它浇水,给它足够的光照,也许再给它一点肥料,那么它就会生长和开花。如果你忽视了它,把它放在黑暗中,让昆虫啃食它的叶子,不给它浇水,它就会枯萎、死亡。人类也可以像植物一样繁衍生息,不过与植物不同的是,我们为自己做选择：我们决定自己要做什么，成为什么。我们与其他动物和其他一切事物的不同之处在于：我们能够思考和推理我们应该做什么。由此，亚里士多德得出结论：人类最好的生活方式是发展我们的理性能力。

❖❖❖笛卡儿

笛卡儿是近代哲学之父。他把整个哲学描述为一棵树：树根是形而上学，树干是物理学，树枝是各种特殊的科学，包括力学、医学和伦理学。这个比喻至少抓住了笛卡儿体系的三个重要特征。首先，它坚持知识的基本统一性，这与亚里士多德将科学视为一系列独立学科的概念形成强烈对比：亚里士多德认为每门学科都有自己的方法和精确标准；笛卡儿则认为，这些科学都是"联系在一起的"，其顺序在原则上就像数字系列一样简单明了。其次，树的比喻所传达的是哲学对普通生活的效用：树因其果实而受到重视，而这些果实，笛卡儿指出，"不是从树根或树干，而是从树枝的末端"——实用科学——采集的。笛卡儿经常强调，他的主要动机不是为了抽象理论而抽象理论；他要替换掉"学校里教的玄思哲学"，并认为我们可以而且应该获得"对生活有用"的知识，这些知识有一天会使我们成为"自然的主人和拥有者"。再次，将形而上学或"第一哲学"比作树根，很好地抓住了笛卡儿的信念，即所谓的基础主义——认为知识必须自下而上构建。在第一原理（类似于几何学的公理）确定之前，没有任何东西可以被视为成立。

像大多数哲学家一样,笛卡儿不喜欢教条地相信任何东西,凡事都要问为什么。当然,他认识到你不可能在生活中不断质疑一切。如果你在大多数时候不相信某些东西,那么生活就会非常困难。但笛卡儿认为值得在他的一生中尝试一次,以弄清他可以确定地知道什么。为了做到这一点,他提出了一种方法,被称为"笛卡儿怀疑法"。

这个方法很简单:如果有丝毫不真实的可能性,就不要接受任何事情。想象一袋苹果。在这袋苹果中,你知道有一些发霉的苹果,但你不确定它们是哪一个。你希望最后得到的是一袋没有发霉的好苹果。如何做到呢?一种方法是把所有苹果都倒在地上,然后一个一个地看,只把你百分之百确定是好的苹果放回袋子里。在这个过程中,你可能会扔掉几个好苹果,因为它们看起来好像里面有点发霉。但结果是,只有好苹果才能进入你的袋子。这差不多就是"笛卡儿怀疑法"。你"拿着"一个信念,比如"我现在看这个东西是清醒的"去检查它,只有当你确定它不会是错误的时候才接受它。如果有最微小的怀疑空间,就拒绝它。笛卡儿过去相信许多事情,现在他开始质疑是否绝对确定这些事情就像它们看起来的那样。世界真的是他所看到的那样吗?他确定自己不是在做梦吗?1+1真的等于2吗?

笛卡儿让我们想象一个恶魔,它非常强大和聪明,也很狡猾。这个恶魔,如果它存在,可以在你每次做加法的时候让你觉得1+1=2,尽管其实等于3。你不会知道这个恶魔在对你做这些,你只是无辜地在做加法。一切看起来都很正常。假设这个狡猾的恶魔还让你产生各种错觉,比如它让你以为你正坐在桌子旁看书,而实际上你正躺在海滩上。或者更进一步,它让你以为有太阳和地球,而实际上并没有太阳和地球。或者再进一步,它让你以为你有身体,需要水和氧气才能生存;而实际上你并没有身体,只是一个灵魂,不需要水和氧气。无论这些听起来多么疯狂,你无法证明没有这些可能性。

在这个"恶魔"思想实验中,笛卡儿将怀疑推到极限。如果有一件事我们可以确定恶魔无法欺骗我们,那就太神奇了。笛卡儿认为有这样一件事:如果恶魔存在并且在欺骗他,那么他一定以某种方式存在。如果他根本不存在,那么恶魔无法欺骗他。只要他有思想,他,笛卡儿,就一定存在。如果他不存在,恶魔就不可能让他相信自己存在。这是因为不存在的东西不可能有思想。

所以笛卡儿得出了一个著名结论:"我思故我在"(拉丁语为 cogito ergo sum)。我在思考,所以我一定存在。只要你有一些思想或感觉,就不能怀疑你的存在。当然,你是什么是另一个问题——你可以怀疑你是否有一个身体,但你不能怀疑你作为某种思维的东西而存在。这种想法将是自我反驳的。一旦你开始怀疑自己的存在,怀疑的行为就证明了你作为一个有思维的东西是存在的。

休谟

休谟被许多人认为是近代最伟大的哲学家。他不仅深刻地影响了他的朋友、著名经济学家亚当·斯密,也影响了许多著名哲学家。康德说,休谟的作品把他从"教条主义的沉睡中唤醒";边沁说,阅读休谟"使他如盲人重见天日";达尔文说,他的进化论思想主要受到了休谟的影响。

休谟最著名的理论是对因果关系的反思。假设一台天平的两个盘子本来是平衡的,现在往其中的一个盘子里放东西,你会看到另一个盘子在上升。如果问:"那个盘子上升的原因是什么?"你会回答:"因为我向另一个盘子里放了东西。"休谟进一步追问:你怎么知道那是原因?你并不能看到其中的因果关系。你看到的只是两个事件:(E_1)你向一个盘子里放东西;(E_2)另一个盘子在上升。如何知道 E_1 是 E_2 的原因?我们能找到的理由是:E_1 发生在 E_2 之前,这两个事件紧邻着;并且如果重复实验,E_2 每一次都会发生在 E_1 之后,每一次这两个事件都会紧邻着。除了这些理由,我们再也找不到其他理由。但仔细想想,你会认为,即使 E_1 发生在 E_2 之前,这两个事件紧邻着,并且 E_2 每一次都会发生在 E_1 之后,每一次这两个事件都会紧邻着,也不意味着 E_1 一定是 E_2 的原因。比如白天和黑夜紧邻,白天过后总是黑夜,但好像白天不是黑夜的原因。休谟的看法是:我们认为"向天平一个盘子里放东西"是"另一个盘子上升"的原因,跟某个人认为白天是黑夜的原因差不多。对于前者,我们并没有更好的理由。

休谟的因果理论涉及归纳——E_2每一次都会发生在E_1之后,每一次这两个事件都会紧邻着。这是我们做几次实验后归纳得出的结论。归纳推理是我们最常用的论证——我们无法避免做归纳推理。我喝过很多次咖啡,但它从来没有毒害过我,所以我推断,咖啡在未来不会毒害我。在我的经验中,过去每个白天总是紧随夜晚,所以我推断未来将继续如此。我曾多次观察到,如果我站在雨中,我就会被淋湿,所以我推断未来会像过去一样,并尽可能避免站在雨中。这些都是归纳法的例子。可以说,我们的整个生活都基于归纳法。如果没有归纳原则,我们与环境的互动将是完全混乱的:我们将不知道要吃的食物是滋养我们还是毒害我们;我们将不知道在每一步中,地面是支持我们还是开辟出一条鸿沟;等等。

但休谟认为归纳推理是不可靠的。罗素用下面这个例子来说明休谟的基本思想:在养鸡场里,有一只鸡发现,第一天上午9点钟主人给它喂食,第二天也是如此,第三天也是如此。很快,一年过去了,这只鸡发现无论是雨天还是晴天,热天还是冷天,星期三还是星期五,主人都在上午9点钟准时给它喂食,过去的365天,天天如此。由此,这只鸡进行归纳推理,得出了下面的结论:主人明天、后天、将来每一天都会在上午9点钟给我喂食。可惜事情并非如此。第二天,主人没有给它喂食,而是把

它宰杀了。这只鸡是在大量观察的基础上使用归纳法论证的。在运用归纳法的时候,我们是否像这只鸡一样愚蠢?我们怎么能证明我们对归纳法的信任是合理的呢?这是休谟提出的"归纳问题"。

✤✤✤康德

像休谟一样,康德也被许多人认为是近代最伟大的哲学家(显然,没有公认的最伟大的哲学家)。康德是非常自信的哲学家,认为自己对哲学的贡献可以比得上哥白尼对天文学的贡献。因此,他把自己对哲学的贡献称为"哲学中的哥白尼革命"。

哥白尼认为不是太阳绕着地球转,而是地球绕着太阳转。康德认为,不是客观实在决定了我们的思想,而是我们的思想(在很大程度上)决定了客观实在。可以通过一个类比来理解康德的看法。如果你戴着玫瑰色的眼镜,你看到的东西会跟裸眼看到的很不一样。你可能会忘记自己戴着这副眼镜,但它仍然会影响你看到的东西。康德认为,我们的心灵也戴着一副眼镜,并且永远不可能摘掉。我们不可避免地通过这样一副眼镜来理解世界。这副眼镜就是我们思想中的基本范畴或概念框架。它们决定了我们如何体验一切,并对这种体验施加某种"形状"。我们所感知的一切都发生在时间和空间中,每一个变化都有一个原因。但根据康德的说法,这并不是因为世界本来是这样的,而是我们把基本范畴或概念框架强加给世界的结果。我们不能直接接触到世界本来的存在方式。我们也不可能摘掉眼镜,看到事物的真实面目。我们被这副眼镜困住了,如果没有它,我们将无法体验任何东西。我们所能做的就是认识到它的存在,并理解它是如何影响我们的经验的。

康德的《纯粹理性批判》讨论的主要问题是:先天综合知识如何可能?这个问题很令人费解,需要稍做解释。在康德的哲学语言中,"综合"是"分析"的反义词。分析命题意味着根据定义是真的。例如,"所有单身汉都是没有结婚的男人",根据定义是真的。这意味着,你可以知道这个命题是真的,而不需要对实际的男人进行任何观察。你不需要检查你看到的男人是否真的是单身汉,因为如果一个男人不是单身汉,就肯定不会是没有结婚的男人。得出"所有单身汉都是没有结婚的男人"这个结论不需要进行实地调查,你可以坐在扶手椅上想出来。"所有哺乳动物都给它们的幼崽哺乳"这个命题也是如此。你根本不需要研究任何具体的哺乳动物就能知道它们都会给幼崽哺乳,因为这是"哺乳动物"定义的一部分。如果你发现有什么东西似乎是哺乳动物,但它不给幼崽哺乳,就会知道它不可能是哺乳动物。分析命题实际上只是关于定义的,所以它们不会给我们任何新的知识。它们阐明了我们在定义一个词的过程中所假设的东西。

相比之下,要知道一个综合命题是否为真,需要经验或观察,因为综合命题给我们提供了新的信息,而不是简

单地包含在我们使用的词语或符号的意义中。例如,要知道某个梨子的味道是否是甜的,我们必须先品尝一下,至少要品尝过这个梨子的人告诉我们它的味道。我们无法根据梨子的定义来判断某一个梨子是否是甜的。又如,"所有的猫都有尾巴",这也是一个综合命题,因为要判断它是否为真,你需要调查。事实上,有些猫,比如曼克斯猫,是没有尾巴的。而有些猫已经失去了尾巴,但仍然是猫。那么,关于是否"所有的猫都有尾巴"的问题是一个关于世界的事实问题,而不是关于"猫"的定义。这与"所有的猫都是哺乳动物"这个命题截然不同,后者只是一个定义的问题,所以是一个分析命题。

那么,什么是先天综合知识呢?先天知识是与经验无关的知识。如果原则上我们在经验之前就能知道一个命题是否为真,这个知识就是先天知识。听起来好像"先天"与"分析"相同(对某些哲学家来说,这些术语是可以互换的),但康德认为不同。分析命题虽然独立于经验,但不是关于世界真实情况如何的命题,只是关于语词定义的。康德认为,存在一种关于世界真实情况的命题,要知道它们的真假,无须通过经验来判断。这便是先天综合命题。比如数学命题 $7+5=12$,康德认为它不是分析命题,而是关于世界真实情况的命题。但要知道 $7+5=12$,我们并不需要通过经验来判断。康德又认为,牛顿力学是由一系列先天综合命题构成的,这些命题跟数学命题一样,都独立于经验,必然为真。后来数学家发现了非欧几何，爱因斯坦的相对论取代了牛顿力学，证明了欧式几何和牛顿力学并非必然真理。许多人认为康德的知识论被驳倒了（爱因斯坦觉得休谟哲学比康德哲学更有道理），但许多康德学者坚持认为康德的知识论可以解释非欧几何和相对论。

哲学的现状与未来

> 为天地立心,为生民立命,为往圣继绝学,为万世开太平。
>
> ——张载

哲学是时代精神的精华,因此,时代的发展也在推动着哲学的发展。20世纪以来,哲学发展更加呈现出异彩纷呈的奇妙景观。

▶▶ 马克思主义哲学的当代发展

> 如果不把唯物主义方法当作研究历史的指南,而把它当作现成的公式,按照它来剪裁各种历史事实,那它就会转变为自己的对立物。
>
> ——恩格斯

今天,马克思主义在中国大地上蓬勃发展。作为一门以实践为导向的哲学,马克思主义哲学随着马克思主义实践的发展而发展。以马克思主义为指导,中国正沿着中国特色社会主义道路,开启了全面建设社会主义现代化国家新征程。

然而,20世纪以来,马克思主义运动并非一帆风顺。在西方,马克思主义运动的目标逐渐从无产阶级解放撤退到抽象的人类解放,或转移至具体的微观斗争(种族、性别、少数群体)。作为现实运动的反映,西方马克思主义哲学在关注点上也从生产方式转移到消费、符号和话语。在20世纪80年代以后的西方,马克思主义从解放政治纲领逐步转变成对现代性进行诊断的文化病理学,成为纯粹的大学学术,成为西方学术精英的自我游戏,而从未寻找公众。

不同于西方,中国马克思主义的发展一直与社会主义革命和建设实践紧密结合。作为时代精神的反映,马克思主义哲学在中国的发展过程中坚持以实际问题为导向,以人民群众的根本利益为出发点,不断开拓创新,真正成为现实研究工作的指南。总体而言,马克思主义在当代的发展与其所处的社会发展形势息息相关。作为马克思主义批判的对象,资本主义在20世纪不断发展出新的形态,同时也拓展了其界限。以超越资本主义、走向共产主义为旨向,马克思主义在应对资本主义社会的最新发展时,与时俱进、实事求是地更新着宏大的历史叙事。在此过程中,马克思主义哲学形成了若干重要特质,它作为时代精神的精华,科学地回应时代提出的新问题。

➡️➡️ 马克思主义哲学在当代西方的发展

综观西方马克思主义思潮的历史发展,其经历了一个明显的转向:从反资本主义政治学到抗议资本权力的话语。这种变化是20世纪西方激进形势从街道撤退到学院的结果。"批判的武器当然不能代替武器的批判,物质力量只能用物质力量来摧毁。"(马克思语)然而,西方马克思主义思潮却在发展过程中与"武器的批判"渐行渐远。

✦✦ 西方马克思主义发展的第一阶段(1923—1964)

西方马克思主义发展的第一阶段大致从1923年到1964年,1923年是卢卡奇的《历史与阶级意识》的出版年份,1964年是马尔库塞的《单向度的人》的出版年份。这一阶段的理论任务是寻找革命主体,手段是意识形态批判。在这一阶段,西方马克思主义学者认为,革命主体从无产阶级转变成"被管理的社会"中的"亚阶层"(如失业者、在政治上被边缘化的人以及有色人种等)。于是,他们批判的对象不但是商品生产中的物化,而且是"被管理的社会"的工具理性。物化(异化)及其克服是这一阶段的理论焦点。

这一阶段的终点定位在《单向度的人》,这一文本扩展了早期西方马克思主义开辟的工具理性批判等核心创见。在这之后,美学的维度成为批判的重心,而阿多诺的《否定的辩证法》和阿尔都塞的《保卫马克思》两部作品,从不同方向放弃了主体革命的理论和实践路线。

✢✢西方马克思主义发展的第二阶段（1965—1984）

第二阶段是一个整合阶段，大致从1965年延续到1984年。在这一阶段，卢卡奇、阿多诺等早期大师相继谢世，后来在国际学术空间中具有广泛影响的理论家哈贝马斯、鲍德里亚、詹姆逊等，在这一阶段成长起来。新一代的思想家虽直接受惠于早期西方马克思主义，但最终都突破了其框架。在他们的理论中，马克思的商品生产分析逻辑被取消了，以意识形态或权力话语为内核的文化研究成为理论的焦点。

在这一阶段，受结构主义思潮影响，西方马克思主义开始普遍引入来自语言学、人类学、历史学、社会学等人文科学各个领域的思想。与此同时，受第三世界发展经验的影响，新帝国主义论、新殖民主义论、依附论、不平等交换理论、世界体系分析等也开始产生重大影响。在这一理论氛围中，西方马克思主义理论处在一种多样性整合之中。从理论上看，在资本主义进一步变化的现实前，由于缺乏对历史发展客观趋势的分析框架，西方马克思主义理论被迫走入形而上学或美学。

✢✢西方马克思主义发展的第三阶段（1985年至今）

第三阶段从20世纪80年代中期开始至今。在这一阶段，主要资本主义国家的福利政策受到普遍质疑，新自由主义政策和思想获得胜利。在此背景下，西方马克思

主义话语在 20 世纪 80 年代中期发生了"后现代转向"。这种转向从不同层面把传统的解放政治学作为一种宏大叙事予以批驳。受这种转向影响,西方马克思主义者以对话语的研究替代对社会历史进程的研究。

20 世纪 80 年代之后,始于 60 年代的对景观、符号、话语、霸权的批判,借由话语理论和霸权理论,全面地支配了左派理论。在此背景下,西方马克思主义者的理论旨趣从阶级解放转向了对霸权的解构。尽管他们并不回避资本主义的现实问题,但他们把资本主义视为一种权力话语。

与上述倾向并行的,是以社会正义和个人平等权利为中轴的理论。在这种倾向中,分析的马克思主义占据着显著的位置。这种以分析哲学为工具的西方马克思主义理论思潮试图"科学地"分析伦理、道德和正义问题。这种思潮的分析对象是资本主义的经济、政治和社会结构。受西方经济学、政治学影响,分析的马克思主义主要采纳了以个体主义方法论为特征的理性选择模型。作为一种参照,分析的马克思主义事实上说明,西方马克思主义的道路已经成了少数左派知识分子的行话,成了口头抗议资本权力的知识话语。

西方马克思主义理论无疑是十分复杂的。但是,有一点是清晰的:在西方马克思主义理论中,马克思主义不再是一种政治学,而是一种知识话语,它为反霸权的知识实践和争取权力的话语实践提供着思想动力，却不再是现代性自我反思的核心思想资源。这无疑偏离了马克思主义的初衷，因为它缺乏对具体的资本主义生产方式及建立在其上的资产阶级社会的研究。

➡➡马克思主义哲学在当代中国的发展

不同于西方的状况，马克思主义哲学在中国的发展表现为理论与实践的紧密结合。"凡贵通者，贵其能用之也。"伴随着时代格局与实践目标的变迁，中国马克思主义哲学研究的范式也在不断地与时俱进，思考马克思主义的实际运用。这些范式在历史发展过程中走向整合，进而走向真正的历史科学；在新的基础上，具有"中国特色、中国风格、中国气派"的马克思主义哲学体系逐步矗立起来。

❖❖中国马克思主义哲学研究范式的生成

中国马克思主义哲学研究生成于中国共产党人探索适合中国国情的社会主义建设道路的实践过程。20世纪60年代，中国马克思主义理论界深切感受到了挣脱苏联教条的束缚，正本清源、独立自主地搞清楚马克思主义的形成与发展问题的必要性与重要性。正是在这种背景下，中国老一代马克思主义哲学学者把探索马克思主义哲学的发展规律、研究中国社会主义建设实践中的新问题，作为自身学术研究的现实归宿。

在这一时期，中国马克思主义哲学研究以科学的马

克思主义哲学观为指导,自觉形成了自己的研究范式,确立了三个原则:完整准确地领会马克思主义哲学的精神实质;具体地把握马克思主义哲学在实践中形成、发展的规律;强调实践是检验真理的唯一标准,理论从实践中来,然后必须回到实践中去,服务于对新情况、新问题的研究。这是同样适用于今天的研究工作的科学原则。

自觉而强烈的现实感和实践意识是这一时期中国马克思主义哲学研究的一个鲜明特色。20世纪80年代,马克思主义哲学研究的发展之所以进入一个黄金时代,关键就在于充分发挥了这一传统特色:它倾听时代的召唤,关注、研究并解决了改革开放初期存在重大争论的一些历史观问题,为社会主义经济建设不断深入发展提供了思想解放前提;它以史为鉴,引导并正确解决了一些具有广泛政治影响的学术争论,推动社会主义政治文明不断进步;它坚守在意识形态斗争的最前沿,努力回应现代西方思潮与学术潮流对马克思主义的批评,捍卫了马克思主义的一元指导地位。

✥✥ 中国马克思主义哲学研究范式的变迁

许多学者都曾直接地或含蓄地表达过这样一种观点:中国马克思主义哲学研究从20世纪90年代初开始进入"困境",而"困境"的实质就在于传统研究范式日益脱离中国特色社会主义建设事业所引领的时代潮流,不再能够满足新的历史条件下学术研究的需要。正是在这一背景下,一些马克思主义理论研究者开始反思,在传统研究范式的基础上,对新的研究范式进行试验性的建构尝试,推动了马克思主义哲学研究走向繁荣。

20世纪90年代以后,中国开始全面建设社会主义市场经济。在这一波澜壮阔的历史过程中,中国马克思主义哲学学者的主体状况及其外部研究条件均发生了根本性的改变。

首先,他们都明确而自觉地把某一时代课题作为自己理论思考与研究的出发点。在"困境"中坚持马克思主义哲学研究的学者希望通过本学科的学理研究,找到理解进而解决社会主义市场经济发展过程中出现的新情况、新问题的立场与方法。这是推动他们坚持本学科研究的内在动力。

其次,他们都具有科学的马克思主义哲学观和宽容的学术心态。"困境"使坚持马克思主义哲学史研究的学者充分意识到了改革传统范式的必要性,但一些产生了负面作用的改革尝试更让他们明白:只有在科学的马克思主义哲学观的指导下,改革才能取得成功。因此他们在反思、批判传统范式的基础上,最终都自觉地继承了马克思主义哲学观,把马克思主义哲学科学批判的方法论精髓及其当代价值作为研究目标,以一种宽容务实的态度去对待不同的马克思主义观以及不同的研究范式。

最后,他们都在包容并蓄中形成了自己的学术个性。

20世纪90年代以后,在与西方学界的交流与碰撞过程中,坚持中国马克思主义哲学研究的学者逐渐意识到:尽管存在不可回避的意识形态倾向,但当代西方思潮与学术潮流并不都是洪水猛兽,其中也凝结着大量在科学批判的基础上完全可以为我所用的优秀成果。因此,他们都不同程度地打破自身的封闭性,以开放自信的态度面对当代西方思潮以及学术潮流,根据自己的理论旨趣与学术取向选择性地丰富自身的学术资源,在使自己的研究范式具有当代性的同时,有力地塑造出自己的学术个性。

❖❖❖中国马克思主义哲学研究范式的现状

20世纪90年代,遭遇"困境"的并非只有中国马克思主义哲学研究,但中国马克思主义哲学研究是最早走出"困境"并获得新的长足发展的一个学科。之所以如此,是因为中国马克思主义哲学学者即便在"困境"中也没有放弃信念与追求,始终坚持倾听时代精神的呼唤,努力探索自我改革、自我发展的现实道路。正是在这种深入人心的改革共识的推动下,马克思主义哲学史这一学科在新旧世纪之交就做好了走出"困境"的准备。21世纪初,围绕如何"回到马克思"、如何研究马克思主义哲学这样一些问题而展开的一场颇为热烈的讨论,使得在"困境"中酝酿成熟并获得初步成功的各种新范式,找到了一个可以展示自我的共同平台。在各种新范式的相互碰撞、相互对话中,马克思主义哲学史这一学科的学术活力不断增强,最终走出了"困境"。综观马克思主义哲学史学科当前的学术版图,各种新的研究范式多元并存格局已经基本形成。

首先是"走出与重建"范式。这一范式是20世纪80年代末90年代初实践唯物主义大讨论在理论上的一个积极成果。该范式敏锐察觉到了世界历史的转折,把对时代精神的嬗变的高度重视,理论化为对马克思主义"实践"观点的关注,进而把回应历史唯物主义再次面临的危机、走出传统教科书体系的桎梏、重建历史唯物主义的当代形态设定为自己的时代课题。在具体的研究过程中,该范式分别在实践反思、哲学史反思和与现代西方哲学对话的基础上"重读马克思",从而在一种更加宽广、完整的历史语境和思想语境中对历史唯物主义的形成、本质及其当代价值等形成了一系列有创见的观点。

其次是"实践诠释学"范式。面对社会主义市场经济所开启的世界历史转折,这一范式把寻找以"独立人格、自由、平等、民主和科学精神为特征的价值坐标"作为使命,进而将对马克思哲学的重新理解、重新诠释确立为完成这一使命的重要途径。差异分析法和理论重构法是该范式最具特色的两种研究方法。就其实质,它们是在知识考古学和诠释学等现代西方哲学的方法论反思成果的基础上,对西方"马克思学"的基本研究方法进行批判继承的产物。在具体的重新诠释过程中,该范式运用上述方法对马克思主义哲学的来源,与康德哲学、黑格尔哲

学、费尔巴哈哲学的关系,一些基本理论的实质以及马克思和恩格斯的关系等进行了深入细密的研究,得出了一系列颠覆传统的新结论。

再次是"逻辑分析"范式。面对"冷战"后的世界历史格局,该范式强调马克思所创立的历史唯物主义不仅是严密的科学体系,而且是认识社会和改造社会的强大武器。基于这一信念,该范式认为,从传统教科书体系的桎梏中恢复历史唯物主义学说的本来面目与精确内涵,是当代马克思主义者必须首先完成的基础工作。为此,该范式自觉吸收和借鉴了英美分析的马克思主义学派的逻辑分析方法(语义分析法、语境分析法、逻辑排除法等),依据马克思主义成熟时期的著作,对生产力、生产关系、生产方式、社会形态等历史唯物主义的基本概念、基本学说进行了概念清晰、逻辑严谨的分析,对提升本学科研究的精确性起到了积极作用。

从次是"存在论"范式。随着社会主义市场经济和经济全球化过程不断深入发展,马克思曾批判过的各种现代性病症在中国也逐步出现。这一范式据此认为,人的存在及其发展在当代中国已经重新成为一个问题,并确信:马克思的学说对于我们自觉抵御当代西方的现代性病症、运用历史批判的基本方法从我们自身文化的根基处开启中国发展之路具有关键的引领作用。在具体研究过程中,该范式将理论焦点聚集在马克思的哲学革命这一核心主题上,首先通过与海德格尔的哲学对话,扬弃了自己学术思想中的形而上学残余,进而通过对传统研究范式的理论态度、形而上学的知识论路向以及意识的内在性等局限性的"批判的脱离",使马克思主义哲学的存在论基础及其当代价值得到澄明。

最后是"文本逻辑历史分析"范式。面对相同的现代性病症,该范式认为:在正在展开的社会主义市场经济过程中,我们比以往任何时候都更接近马克思,我们是马克思的同时代人。因此,只有回到马克思,我们才能够找到正确地理解现实及其发展走向的科学方法。这就是该范式确立的时代课题。为了解决这一时代课题,该范式在对现象学、结构主义、发生认识论、格式塔心理学等20世纪西方科学方法论进行批判借鉴的基础上,开辟了一个通常被称为"文本逻辑历史分析"的新范式。在具体的研究过程中,该范式运用文本学方法对马克思、恩格斯、列宁以及一些"西方马克思主义"哲学家的经典著作进行了系统解读,目的是让本学科研究获得真正科学的基础,从而使马克思主义哲学的本真意蕴尤其是革命的、科学的批判方法在当代语境中呈现出来,以服务于我们对身处其中的现时代的批判性认识。

➡➡马克思主义哲学在当代发展的启示

马克思主义在当代的发展过程中,在不同国度、不同地域,发展出不同的形态。在当代西方发达国家,马克思主义的发展愈发局限于大学校园和知识分子圈,理论逐

渐脱离了实践;而马克思主义哲学则逐渐窄化为当代西方知识分子的社会批判理论、文艺批判理论。然而,对于旧事物,马克思主义哲学不仅指认和批判它落后腐朽的一面,更重要的是,它善于发现其中日益发展起来的、具有通往新事物潜能的要素内容,并使之服务于新事物、新形势的建设。这正是马克思主义辩证法所具有的发展的眼光:它不仅关注矛盾及其弊端,而且关注矛盾的展开如何在客观上为新事物的建立开辟道路。

在哲学内部,在与实证主义、分析哲学论战的过程中,当代西方马克思主义者逐渐彰显着马克思主义辩证法中蕴含的批判性思维。以批判性思维为引导,西方马克思主义者聚焦经验背后隐藏的压抑性社会结构,从而在资本主义批判维度达到了新高度。不过,马克思主义辩证法不仅具有批判性思维,还具有建设性思维。它关注如何基于特定历史条件和历史规律,建设当下政治经济结构,从而为新社会的到来开辟道路。在当代历史发展过程中,马克思主义的中国化历程恰恰彰显了这一重要维度。

马克思主义哲学不仅是关于批判的理论,而且是关于建设的理论、关于发展的理论,这一点恰恰在当代中国大地上充分展现。进入新时代,我国面临的世情、国情、党情发生了深刻变化,我们前所未有地走近世界舞台中央,前所未有地接近实现中华民族伟大复兴的目标,前所未有地具有实现这个目标的能力和信心。同时,我们也面临着许多严峻的挑战和困难,正在进行着具有许多新的历史特点的伟大斗争。新时代迫切需要新理论为全党全国各族人民指明前进的方向。"不深思则不能适于道,不深思而得者,其得易失。"马克思主义哲学研究需要进一步以习近平新时代中国特色社会主义思想为指导,以实现社会主义现代化和中华民族伟大复兴为己任,以解决人民日益增长的美好生活需要和不平衡、不充分的发展之间的社会主要矛盾为导向,深思实践中变迁的思维与存在的关系,基于不断更新的历史现实开辟通往共产主义的有效道路。哲学在此不仅仰望星空,而且紧贴大地,不仅忆入历史,而且通往未来。

▶▶中华优秀传统文化的当代传承与发展

人往往需要说很多话,才能够归于潜默。

——冯友兰

先秦以来,中国哲学的存续发展已绵延两千余年,但作为现代学科的中国哲学,却是近代以来前辈学者在西学东渐的背景下不断摸索、创辟的结果。时至今日,学科形式的中国哲学的历史已逾百年,中国哲学学科化的百年发展正是中国传统哲学当代传承与发展的世纪历程。在百年发展中,中国传统哲学当代传承与发展历经两个阶段,即从20世纪的学者多以西方哲学对中国哲学进行系统性重建的"宏大叙事",到21世纪的学者从具体人物、概念、方法的角度,对中西哲学进行深度比较与融合的"细微研究"的转进。这两个阶段均属于中国传统哲学

当代传承与发展的"哲学路线",即借用西方哲学的概念、方法,在与西方哲学的交流、对话中建构、推进中国哲学。

相较于"哲学路线",中国传统哲学当代传承与发展还有一条"历史路线"。一般而言,一门哲学学科的建构似乎不需要历史视角、方法的参与。但是,中国传统哲学当代传承与发展却有其特殊性。中国哲学的历史有两千余年,但中国哲学的学科建构仅有百余年,百余年的学科化历程不能完全消化中国哲学两千余年的思想遗产。实际上,尚有很多中国哲学的人物、文本、思想需要整理、研究;并且,当前已经关注到的人物及思想,亦有继续考证、探究的余地。也就是说,中国哲学的现代建构尚未完成其在"历史"方面的发现、整理与探究的任务。某种程度上,中国哲学的现代建构仍然处于思想考证的阶段。

➡➡哲学路线

中国传统哲学注重直觉体认功夫,提倡天人合一的圆融境界、生命学问与智慧。但是,这种过于依赖直觉体认的境界、学问与智慧,难以契合注重概念、命题、判断以及逻辑分析方法的当代学术范式。比如,"心""性""天""理""天人合一""道法自然""性即理""心即理""知行合一""气化即道"等概念和命题,虽可在中国传统哲学的话语体系与体认功夫中得到验证,但在当代哲学语境下,这些概念的内涵与外延、命题的意义和意谓,都不是十分清晰。同样,直觉体认功夫可以获得一种切身经验,但这些经验无法借助语言来形成哲学概念、命题与判断。这正是中国传统哲学在当代学术语境中遭遇的尴尬境地,从而导致了对中国哲学合法性的质疑以及中国哲学难以被欧美大学哲学系认可等问题。追本溯源,中国传统哲学是一种生命的学问,这种生命的学问若要适应当代学术规范,不得不将直觉体认的直觉方法转化为逻辑分析的知性方法,方法的革新有助于中国传统哲学的当代转型,但也难免会遮蔽中国传统哲学的境界、特质与智慧。如果中国传统哲学为保全生命的学问与智慧而始终故步自封,逃避或排斥与当代学术规范相结合,那么,中国传统哲学难以真正成为一种被广泛认可的当代哲学形态。

相较而言,与其故步自封式地坚守中国传统哲学,不如让置身于当代学术语境的中国传统哲学进行转型,开启中国哲学的新征程,为未来在当代学术语境中深度呈现中国传统哲学的生命智慧提供基础。大体上看,中国传统哲学的当代传承与发展,首要挑战在于如何使中国传统哲学契合当代学术范式,解决这一问题的关键在于引入和应用逻辑分析方法。有见于此,20世纪的学者不同程度地运用逻辑分析方法对中国传统哲学的概念与命题展开了系统的诠释与建构。其中,冯友兰先生的研究最为典型。冯友兰注重引入和应用逻辑分析方法,以此分析、诠释"理""气""道体""性""无极而太极"等中国传统哲学核心概念、命题,建构出一套贯通理性主义与神秘主义的新理学体系。特别值得注意的是,他以逻辑分析

为主要方法，在新实在论的基础上，对中国传统哲学中的"气"与"境界"进行了实用主义的改造，使其成为契合新理学体系的神秘主义范畴。

❖❖❖ 气与实用主义

在新理学体系中，"理"是某物之所以成为某物的规定性。不过，纯形式的"理"不能创生事物，事物的存在依据于"气"。那么，新理学之气有何特点呢？从内容上看，气是使实际事物得以存在的料。冯友兰认为，事物实际存在的依据在于作为料的气，构成事物的料可分为相对底料与绝对底料两种。以房屋为例，砖瓦是构成房屋的料，但它们亦以泥土为料，因此，砖瓦属于相对底料。绝对底料则是构成万物的料。

有学者将新理学之气视为亚里士多德哲学中的质料，实际上，绝对底料与此并不相同。西方哲学的 matter 是物质性的质料，属于科学观念，而新理学的绝对底料更为纯粹，不具有物质性，属于逻辑观念。这样看来，绝对底料虽是构成事物的质料，却不具备物质性，这种说法似乎存在矛盾：为什么构成实际事物的质料却不具备物质性呢？或者说，不具备物质性的质料又如何生成实际事物呢？这恰是绝对底料的最大特点。若绝对底料具有物质性，即牵涉实际而成为科学观念，这不仅与注重"真际"的新理学不符，而且也有使绝对底料变为相对底料的危险。为保证绝对底料的绝对性，及其与"理"的契合性，冯友兰将绝对底料抽象为纯思的对象,故此,绝对底料因为不具备经验事物的性质,因而成为一种超越经验性认知的对象,在认识论上是不可知的,具有神秘主义色彩。

从名称上看,绝对底料不可思议言说,不存在能够指称绝对底料的名词。在这种情况下,冯友兰从私名的角度以"真元之气"来命名绝对底料。

冯友兰借用程颐"真元之气"命名绝对底料,但这是私名层面的命名,不具有逻辑上的指称意义。也就是说,以"真元之气"称呼绝对底料,仅是给绝对底料一个中国哲学意义的名称,不表示绝对底料包含真元之性。不过,这也将中国哲学的"气"的概念引入新理学体系,成为不可思议言说的绝对底料的代名词。中国哲学语境的"气"是一种物质性的、科学的观念,如清浊之气、聚散之气等。在新理学体系中,冯友兰将中国哲学的"气"从一种类似相对底料的存在,抽象为纯思的绝对底料,即"真元之气"。在抽去"气"的物质性的同时,也消解了"气"在新理学中被人认知的可能性。这样看来,作为绝对底料的"真元之气"是不可知的神秘主义对象。正是在不可知论的意义上,冯友兰才表示:"道家所说之道,颇有似于我们所说真元之气。"

将目光转向实用主义,可以发现"气"与实用主义的内在关联。在新理学语境中,经验事物是"气"依照"理"而创生的,人可以认识经验事物。从"气"的角度看,人认

识的是已依照理而生成实际事物的"气",此处的"气"是一种相对底料。人可以认识相对底料,却不能认识作为绝对底料的"真元之气"。按冯友兰的说法,"气既无性,故不能对之作任何判断,说任何命题,亦即不能对之有任何思议,任何名状,任何言说。"作为绝对底料的"真元之气"没有任何性质,对人而言它是不可知的,这种不可知并非中国哲学的直觉体认意义上的不可知,而是一种认识论意义上的、理性主义的不可知。因此,新理学之"气"的不可知主要来源于实用主义而非中国哲学。也就是说,在实用主义真理论的背景下,来自西方理性主义传统的不可知论贯彻于新理学的"气"。同时,新理学"气"的概念的实用主义化,也为神秘主义在新理学中渗透于新实在论埋下了伏笔。

✦✦✦境界与实用主义

新理学体系的顶点是神秘主义的境界。按冯友兰的说法,"……神秘主义,乃专指一种哲学,承认有所谓'万物一体'之境界者;在此境界中,个人与'全'(宇宙之全)合而为一;所谓主观客观、人我内外之分,俱已不存。"学界往往将这种境界等同于中国哲学的体认境界,其实不然,新理学的境界并非经由体认功夫达成的万物一体状态,而是借助个人觉解来实现的人与宇宙合一。对此,陈来将冯友兰的神秘主义区分为体验、境界与方法三个层次,强调冯友兰主张作为哲学境界的神秘主义、理性主义在其中并非从属性存在。对于新理学境界的神秘主义特点，冯友兰与陈来已进行了阐明和引申，但尚未谈及此境界的西方哲学背景。因而，从实用主义的角度研究新理学中的境界论问题，是进一步深化新理学研究的重要方向。

新理学的境界是人与宇宙合一的"同天境界"，它超出了人的认识能力，属于一种不可知的境界。

与佛教之真如、道家之道相似，新理学的"同天境界""大全状态"在认识论上是不可思议的对象。在此境界或状态中，人不能进行对象化的认知与思考，因为一旦开始进行认知与思考，作为主体的人便从这种"同天境界""大全状态"中剥离出来，这种境界和状态也就随之消解。按冯友兰的说法，"对于大全底思议，必是错误底思议。所以对于大全，一涉思议，即成错误。"这种认识论上的不可知，往往被视为中国哲学的最高境界移植到新理学之后的反映，此类说法在陈来处已得到明确回应，即冯友兰所理解的神秘主义境界是理性主义的，而非直觉体认式的。这表明，新理学的境界并非中国哲学体认境界的直接挪用。那么，新理学境界的理性主义色彩从何而来呢？大体上，这来源于实用主义。

冯友兰的学术自白，是实用主义从未在其思想中退场的有力证据。在此，冯友兰不仅没有放弃实用主义，反而将其与新实在论相关联，特别是在不可知论方面着重凸显实用主义。新实在论与实用主义的结合在新理学中

得到了体现,尽管新理学是一个以新实在论为基础的逻辑体系,但其顶点却是神秘主义的"同天境界"。这种境界虽然借用了中国哲学的概念,看似是中国哲学直觉体认境界在新理学中的直接移植,实际上,与借用"真元之气"命名绝对底料类似,所谓"同天境界"只是在名词上借用中国哲学的范畴,在思想内容上却不涉及中国哲学直觉体认的境界论。也就是说,新理学境界的不可知主要来源于实用主义的不可知论。并且,实用主义的不可知论出自西方理性主义传统,与以新实在论为基础的新理学相契合,这更加印证了"同天境界"是实用主义的不可知论应用于新理学的结果。

除冯友兰之外,金岳霖、贺麟、牟宗三等学者均以逻辑分析方法对中国传统哲学进行了不同程度的思想诠释与体系建构,为促进中国传统哲学及其方法论的当代传承与发展做出了重要贡献。

➡➡ 历史路线

20世纪以来,如何书写当代意义的中国哲学史成为中国哲学家面临的时代任务。中国传统哲学以子学、经学为主,诸如《庄子·天下篇》《宋元学案》《明儒学案》等中国哲学史类的著作,多为关于中国哲学思想的平行记述与评判,未能深入揭示中国传统哲学演变的脉络、原因与影响。为建构当代学术意义的中国哲学史,胡适推出了中国哲学史领域的奠基性著作——《中国哲学史大纲》。在这部著作中，胡适充分运用了考证法，进行了大量史学考证，主要体现在史料、人物与思想三个方面。

❖❖史料考证

胡适特别注重辨析中国哲学的相关史料，他将史料考证分为史料审定与史料整理。所谓史料审定，即考证哲学史料的真假。以《管子》为例，胡适指出："《管子》这书，定非管仲所作，乃是后人把战国末年一些法家的议论和一些儒家的议论（如《内业篇》，如《弟子职篇》）和一些道家的议论（如《白心》《心术》等篇），还有许多夹七夹八的话，并作一书；又伪造了一些桓公与管仲问答诸篇，又杂凑了一些纪管仲功业的几篇，遂附会为管仲所作。"胡适从管子的卒年、管子学说的墨家教义与思想发展的演变逻辑等角度考证《管子》一书，最终认为《管子》不能代表管仲本人的思想。也就是说，《管子》不应属于老子、孔子之前的哲学思想，而应属于老子、孔子之后的战国时期的哲学思想。除《管子》外，史料审定几乎贯穿了胡适全部的中国哲学研究，如他著有《菏泽大师神会传》《〈坛经〉考》系列文章，考证出《坛经》实出自神会或神会一系之手；《孝经》《杂卦传》《序卦传》《说卦传》等不能作为研究孔子思想的可靠文献。史料审定是建构中国哲学的初步，在审定之后还需对史料进行整理，即对哲学史料进行校勘、训诂与贯通。通过这三个步骤才能校订文本的脱误，厘清文字真义，建构中国哲学的脉络。

❖❖❖ 人物考证

除史料考证外,中国哲学的现代建构亦离不开对哲学人物的考证,这一点在中国哲学史建构方面尤为明显。这种考证主要涉及考证诸哲学人物生卒年、哲学家与哲学思想的归属关系等。若不能确定哲学家主要的活动时期,则难以准确地排出诸哲学家的先后顺序,也无法反映出哲学思想流传演变的真相;若无法确定某一哲学思想是否属于某哲学家,则在中国哲学现代建构中可能会出现张冠李戴的错误。因此,哲学人物的考证十分重要,胡适在这方面做了大量的开创性工作。例如,在孔子与老子的关系上,与冯友兰等人以孔子先于老子不同,胡适则力主老子先于孔子。通过《说文》《广雅》《考工记》《杂卦传》等材料,胡适对"儒"字进行考证,得出"儒"的古义为"柔"的结论。老子的哲学与儒家"柔"的古义相应,此为老子是儒的证据之一。同时,胡适通过考证发现,老子是殷人,生活在殷朝灭亡的早期,殷朝灭亡给殷人带来了一种守"柔"顺从的亡国遗民心理,而老子哲学的"柔"正是这种亡国心理的反映,此为老子是儒的证据之二。此外,老子擅长襄礼,孔子向老子问礼,先秦学派只有儒墨两家,道家之说起于汉代等亦是胡适认定老子是儒的证据。通过一系列考证,胡适认定老子先于孔子,且老子哲学亦是儒家哲学早期形态的反映。类似的考证广见于胡适的中国哲学研究。除对老子的考证外,最著名的莫过于对慧能弟子菏泽神会的考证。在《菏泽大师神会传》及《〈坛经〉考》系列文章中,胡适对神会生平及其思想进行了深入考证,最后将南禅宗的创立、《坛经》的思想等均归功于神会,在某种程度上削弱了慧能在中国哲学史上的地位。

❖❖❖思想考证

在史料考证、人物考证之外,胡适也考证了中国哲学的思想本身。例如,曾子将孔子的"一以贯之"解释为"忠恕",对于曾子的"忠恕"思想,胡适指出"后人误解曾子的意义,以为忠恕乃是关于人生哲学的问题,所以把'一以贯之'也解作'尽己之心,推己及人',这就错了。"

通过考证法,胡适厘定了儒家"忠恕"与"一以贯之"的含义,在人生哲学意义之外,又发现了它们的方法论价值。其实,在建构中国哲学时,胡适将考证法广泛应用于对哲学家思想的考察。除"忠恕"外,他还考证孔子的"正名",考证"幾"字来揭示庄子哲学中的进化论思想,考证"用"字与"利"字来纠正对墨家哲学及其三表法的谬见等。这样,通过考证法,胡适对中国哲学进行着现代学术意义的"历史重构"。对此,有学者指出,"哲学史研究过程中的'历史重构'工作虽然不是从时间与逻辑展开的角度来研究观念的发展史,但如果真能将历史上一个个哲学家的思想原貌揭示出来,也非常有助于后来者更准确地认识哲学的历史与逻辑的发展进程。"由此可见,胡适以考证法探究古人哲学的本来面目,为准确理解古人思想提供了有力保障。

蔡元培先生对《中国哲学史大纲》颇为推崇,指出其

四个优点：以"证明的方法"考据哲学家的生平、时代与著作；以"扼要的手段"截断众流视老子、孔子为哲学史的开端；以"平等的眼光"打破正统与非正统哲学之分，平等对待各家哲学；以"系统的研究"梳理中国哲学思想的变迁轨迹与演进脉络。胡适对此书也非常满意，他曾表示这是中国哲学史研究绕不开的著作。其实，胡适的《中国哲学史大纲》正是中国传统哲学当代传承与发展的一个历史路线的典范之作。受胡适的影响，当前的中国哲学界仍在延续这种历史路线的研究方式。按张岱年先生的说法，我们的中国哲学研究仍处于思想考据的时代。所谓"思想考据"，即以当代意义的学术视角、范式与方法对中国哲学及其演进脉络进行思想史意义的考察与研究。比如，我们常常能见到以孔子、孟子、朱熹、王阳明的某概念、思想为主题的研究，这恰是中国哲学研究的历史路线的典型例证。

总而言之，哲学路线与历史路线是中国传统哲学的当代传承与发展的主要途径，但不止于这两种途径。进入 21 世纪，这种建构理论体系的"宏大叙事"转向了中西哲学之间深度比较与融合的"细微研究"阶段，诸如现象学、实用主义、分析哲学、生态哲学、政治哲学、科学技术哲学等西方哲学，成为学者深化中国传统哲学研究的切入点，为中国传统哲学当代传承与发展开辟了多元化的前进方向。

▶▶当代西方哲学思潮

> 哲学如果不能如我们所愿地回答那么多问题,至少也有能力提出问题,增加世界的兴趣,显示出即使在日常生活中最普通的事物中也有隐藏在表面之下的怪异和神奇。
>
> ——罗素

当代西方哲学有三大思潮:分析哲学、欧陆哲学与实用主义。呈现出三个特点:第一,职业哲学家的数量是有史以来最多的;第二,随着数理逻辑的建立,哲学家的逻辑训练是有史以来最好的;第三,随着科技的发展,不同哲学传统的对话、交流和融合是有史以来最广泛深入的。

➡➡分析哲学

20 世纪初以来,分析哲学发展成为英语世界的主流哲学,在非英语世界也在稳步发展。19 世纪末,在英国大学中占主导地位的学派是绝对唯心主义。分析哲学起源于摩尔和罗素对绝对唯心主义的反叛。许多人也将弗雷格列为分析哲学的创始人之一。摩尔和罗素在批评绝对唯心主义时,经常诉诸命题和概念的意义。此外,罗素认为,自然语言的语法在哲学上往往具有误导性,而消除这种错觉的方法是在符号逻辑的理想形式语言中重新表达命题,从而揭示其真正的逻辑形式。由于对语言的这种强调,分析哲学被广泛地认为将语言作为哲学的主题。

这在哲学史上是第一次。由于这个原因，分析哲学被誉为起源于一场规模宏大的哲学革命——不仅是对英国唯心主义的反抗，而是对整个传统哲学的反抗。但在20世纪60年代，来自内部和外部的批评使分析哲学放弃了它的语言学形式。现在，它已经扩散到哲学的所有领域，在方法论、思想和立场上实现了多样化。

❖❖罗素

罗素在逻辑和数学方面的重要贡献是发现了"罗素悖论"，提供了解决此悖论的一套方案，并和弗雷格、怀特海一起建立了现代数理逻辑。现代数理逻辑为计算机和人工智能的发展奠定了基础。此处只简单介绍"罗素悖论"。在罗素之前，数学家认为任何条件或属性都可以用来确定一个集合。比如，所有具有蓝色这个属性的东西可以构成一个集合，所有满足条件"大于1的自然数"的东西也可以构成一个集合。罗素认为"任何条件或属性都可以用来确定一个集合"这个观点会导致矛盾。考虑一群理发师，他们只给那些不给自己刮胡子的人刮胡子。假设在这个集合中，有一个理发师不给自己刮胡子；那么根据这个集合的定义，他必须给自己刮胡子。但在这个集合中没有一个理发师能给自己刮胡子。如果是这样，他将是一个为给自己刮胡子的人刮胡子的人。

在哲学方面，罗素认为，我们的语言远没有逻辑那么精确。普通语言需要被分析——被拆开——以揭示其潜在的逻辑形态。在哲学的所有领域取得进步的关键是这种对语言的逻辑分析,它涉及把日常语言翻译成更精确的语言。例如,以"金山不存在"这句话为例,每个人都可能同意这句话是真的,这是因为世界上没有任何地方有金子做的山。但这句话似乎是在说一个不存在的东西。"金山"这个词似乎指的是真实的东西,但我们知道它并不存在。这对逻辑学家来说是个难题。我们怎么能有意义地谈论不存在的东西?为什么这个句子不是完全无意义的呢?奥地利逻辑学家迈农给出的答案是:任何我们可以有意义地思考和谈论的东西都存在。在他看来,金山一定存在,但以一种特殊的方式,他称之为"次存在"。他还认为独角兽和数字(1,2,3,…)也以这种方式"存在"。罗素认为迈农的观点非常奇怪,因为这种观点意味着,世界上有很多东西在一种意义上存在,但在另一种意义上不存在。罗素设计了一个更简单的方式来解释我们说的东西与存在的东西有什么关系,他称之为描述语理论。以"法国的现任国王是秃头"这个句子为例。我们认为这个句子是假的,因为法国的现任国王并不存在——法国在大革命期间就没了国王。但我们说这句话的时候,又好像预设了法国的现任国王存在。罗素的分析是,像"法国的现任国王是秃头"这样的说法,实际上是在说:存在着某种东西,它是法国的现任国王;只有一个东西是现任法国国王;凡是现任法国国王的东西都是秃头。罗素认为,即使没有法国的现任国王,"法国的现任国王是

秃头"也可以有一定的意义。它有意义,却是假的。与迈农不同,罗素不认为法国的现任国王必须以某种方式存在(或生存),才能谈论和思考他。对罗素来说,"法国的现任国王是秃头"这个句子是假的,因为法国的现任国王并不存在。该句子暗示他存在,因此该句子是假的而不是真的。

❖❖❖逻辑实证主义

逻辑实证主义是1920年开始的一场哲学运动。它的影响最初在维也纳和柏林,后来传到美国。逻辑实证主义者的观点随着时间的推移有很大的变化。此外,这些哲学家之间也有严重的分歧。这里主要介绍逻辑实证主义最著名的代表人物之一艾耶尔。

艾耶尔区分了有认知意义和无认知意义的句子。对于任何一个句子,我们可以问两个问题:仅仅根据定义就可以判断它的真假吗?它在经验上是否可以被验证?艾耶尔认为,如果对这两个问题的正确回答都是否定的,那么这句话就没有认知意义。只有那些仅仅根据定义就可以判断真假或者可由经验验证的陈述才有认知意义。比如,"所有乌鸦都是鸟"这个句子,仅仅根据定义就可以判断它为真;而"所有乌鸦都不是鸟"这个句子,仅仅根据定义就可以判断它为假。这两句话都是有认知意义的。再比如"所有的狗都是黄色的"这个句子,通过观察(经验)可以验证:如果我们观察到一只黑狗,那么这句话为假。典型的科学理论都是可以通过观察(经验)验证的。如果我们没有观察到预测的东西,那么我们用以预测的科学理论是错误的。如果我们观察到预测的东西,那么我们用以预测的科学理论很可能是正确的。

艾耶尔根据他的标准拒斥了传统哲学。像"必然与自由是统一的"这些哲学句子,跟"无边丝雨丝如愁"之类的诗句一样,我们既不能仅仅根据定义就判断其真假,又无法通过观察(经验)验证其真假。因此,这些哲学句子是没有认知意义的。它们和诗歌一样,只是表达某种情绪。

✦✦✦ 维特根斯坦

维特根斯坦跟罗素一样,是分析哲学中最知名的哲学家之一,其声誉已超出了哲学界。但他在分析哲学中的地位却有很大争议,誉之者视其为最伟大的分析哲学家;贬之者认为他的著作只是一堆看起来深奥晦涩的"格言"汇编,几乎没什么认知价值。

维特根斯坦后期的主要作品是《哲学研究》,其核心主题是"语言的迷惑"。他认为,传统的哲学问题是我们误用语言造成的,都是伪问题;哲学家陷入了语言的魔咒。维特根斯坦认为他的角色是治疗师,通过澄清语言的用法,让传统哲学的问题消失,那些看起来非常重要的哲学问题将不再是问题。

维特根斯坦哲学中的一个关键概念是家族相似。你可能在某些方面有点像你的母亲——也许你们的头发和

眼睛的颜色相同。你也有点像你的祖父——因为你们都很高、很瘦。你可能也有和你弟弟一样的头发颜色和眼睛形状,但他的眼睛颜色可能和你及你母亲的不同。维特根斯坦认为,虽然家庭成员之间在某些方面相似,但并不存在一套共同特征:所有家庭成员都具有这些特征,并且所有非家庭成员都不具有这些特征。维特根斯坦把这种相似称为"家族相似",他认为我们用的语言概念也一样。想一想"游戏"这个词。有很多不同的东西被我们称为游戏:象棋、桥牌、"剪刀石头布"、足球运动、捉迷藏等。维特根斯坦认为这些不同的游戏只有家族相似,但并不存在一套共同特征:所有游戏都具有这些特征,并且所有非游戏都不具有这些特征。维特根斯坦进一步认为,知识、正义、自由、艺术等是家族相似概念。传统的哲学问题,如"什么是正义?"旨在寻求一套共同特征:所有知识都具有这些特征,并且所有非知识都不具有这些特征。因为不存在这样的特征,所以传统的哲学问题都是伪问题。

➡➡欧陆哲学

欧陆哲学主要指在19世纪和20世纪与西欧大陆国家——特别是德国和法国——有关的一系列西方哲学流派和运动。第二次世界大战后,英美哲学家采用"欧陆哲学"这一术语来描述当时在欧洲大陆的各种流派和运动,并将它们与分析哲学区分开来。研究欧陆哲学的学者普拉多认为,分析哲学与欧陆哲学的核心区别是在方法论上：分析哲学的方法是分析，而欧陆哲学的方法是综合。分析哲学家通常试图通过将问题还原为它们的部分和这些部分之间的关系来解决相当细化的哲学问题。欧陆哲学家通常以合成或整合的方式解决大型问题，并认为特定的问题是"更大的统一体的一部分"，并且只有在融入这些统一体时才能被正确理解和处理。但另一些研究欧陆哲学的人则不赞同普拉多的区分。比如莱特认为，分析哲学是指一种做哲学的风格，而不是一种哲学程序或一套实质性的观点。粗略地说，分析哲学家的目标是论证的清晰和精确，自由地利用逻辑工具，并且往往在专业和智力上与科学和数学（而非人文科学）更紧密地联系在一起。而欧陆哲学则指哲学中一系列部分重叠的传统，其中一些人物与其他人物几乎没有共同之处。最近欧陆哲学出现与分析哲学融合之势。有些学者指出，对尼采、胡塞尔、海德格尔、萨特和德里达等欧陆哲学家的最好解读，是受过分析哲学训练的人给出的。用分析的方法研究欧陆哲学，已成为国际主流。

❖❖❖ 胡塞尔与现象学

胡塞尔是现象学的创始人。现象学利用一种独特的方法来研究经验（以及被经验到的事物）的结构特征。它主要是一门描述性学科，并且是以一种在很大程度上独立于科学的方式进行的，包括对经验性质的因果解释和说明。现象学的口号是"回到事物本身"，意思是回到事物在经验中实际呈现的方式。

海德格尔是胡塞尔的学生。海德格尔在整个哲学生涯中都用现象学的方法进行研究，他认为最紧迫和最重要的问题是：某种事物的存在是什么？石头、笔或人的存在是什么？这不是关于一个特定的存在之物（比如一只狗或一张桌子），不是关于所有存在之物，也不是关于上帝或逻各斯或创造或维持世界的最高实体。海德格尔关心的是"纯粹的存在"——不是一个物体如何存在或存在什么，而是存在本身。

海德格尔认为，直接研究存在是很困难的。为了理解存在，他选择研究一种特殊的存在——被称为"人"的具有自我意识的那种存在之物。只有对于这种存在之物，存在才成为一个问题。

❖❖❖萨特与存在主义

存在主义哲学的共同主题是个人的独特性与选择的核心重要性，以及个人对一个冷漠、荒谬的宇宙的反应。存在主义的代表人物有齐克果和萨特等人，这里主要介绍萨特。

萨特受到胡塞尔和海德格尔的影响，又在许多方面提出了自己的创见。他说，我们有非常大的自由来创造自己的生活，因此我们对自己存在的意义和行为完全负责。通过对自己的生活经验的反思，萨特得出了他所认为的关于人类以及他们的生存困境的一些基本真理。不同于他之前的哲学家，萨特不仅认为我们是自由的，而且还坚定认为我们是完全自由的。我们可能会受到自然（遗传）和社会因素的影响，但最终我们并不由它们决定。我们是完全自由的，可以用自己的标准来定义自己，并且能够抵制身体、心理和社会的力量（虽然如果我们任这些力量发展，它们会彻底塑造我们）。只有当我们允许自己被决定时，我们才是被决定的。

萨特说，大多数人认为"本质先于存在"，即在我们出现之前，我们作为人类的基本特征（我们的本质）就已经确定。我们的心理构成、选择、欲望和想法在我们能说出第一句话之前就已经在某种意义上被锁定了。我们的命运是通过创世神或普遍的人性或一些不可改变的社会结构的运作而事先被规划好的。但在萨特看来，这种"本质先于存在"的想法是可悲的错误。它使我们无法看到一个开放的、充满各种可能性的未来，削弱了我们的创造力，限制了我们的自由，并降低了我们的道德责任感。萨特的观点正好相反。"存在先于本质"——我们首先出现，然后我们定义自己。他宣称："我们是我们自己制造出来的。"

萨特说："我们注定是自由的。"每个人都拥有的这种彻底的自由到底是什么呢？萨特认为，它既是一种祝福，也是一种诅咒。说它是一种祝福，是因为作为自由人，我们有能力设定自己的目标，过自己的生活，并在前进的过程中创造自己。说它是一种诅咒，是因为作为自由人，我们不能指望任何人，只能靠自己来决定应该如何生活。

我们独自承担这个重任。我们必须承担令人敬畏的道德责任,决定应该如何生活,应该如何对待他人。

❖❖德里达与解构主义

德里达是解构主义的创始人。解构主义不仅批评文学和哲学文本,也批评政治机构。尽管德里达有时对"解构"一词的命运表示遗憾,但它的流行表明他的思想在哲学、文学批评和理论、艺术,特别是建筑理论以及政治理论中具有广泛的影响。当然,关于德里达的争议也很大。1992 年,在德里达即将被剑桥大学授予名誉博士学位时,遭到了包括蒯因在内的许多哲学家的反对。

我们可以通过笛卡儿"知识大厦"这个比喻来理解德里达的"解构"。笛卡儿在《沉思录》中说,长期以来,他一直在犯错误,他开始怀疑过去相信的一切东西,目的是发现一个"坚实和永久的地基"。"地基"这个词意味着他以前的各种看法的集合就像一座大厦。在《沉思录》第一章中,笛卡儿实际上是在拆毁这座旧建筑,"解构"它。德里达也要解构传统的知识大厦,但与笛卡儿不同,德里达的目的不是找到一个"坚实和永久的地基",他认为并不存在这样的地基。

德里达的解构主义是对柏拉图主义的批评。"柏拉图主义"的定义是:世界是以对立面为结构的,而对立面是有等级的,对立面的一方比另一方更有价值。比如,世界分为本质与表象、灵魂与身体、声音和书写、善和恶。

每一对中前者比后者更高,更有价值。

解构是颠覆柏拉图主义。比如在柏拉图主义中,本质比表象更有价值。在解构主义中,我们反其道而行之,使表象比本质更有价值。如何解构? 我们可以求助于休谟等人的经验主义的论证。这些论证表明,所有关于我们称之为本质的知识都取决于对表象的经验。但这样一来,这种论证就意味着本质和表象并不是独立的、对立的两极。换句话说,这些论证表明,本质可以被还原为表象的一个变种。这种还原是对我们可以称之为"内在性"的还原,它带有"从中"或"在里面"的意义。因此,我们会说,我们过去所说的本质是在表象中发现的,本质是混入表象的。

➡➡实用主义

实用主义的哲学渊源可以追溯到英国的经验主义,早期代表人物有皮尔斯、詹姆斯、杜威。实用主义与中国结缘很早。20世纪上半叶,实用主义是在中国影响最大的哲学流派,胡适、冯友兰、陶行知都是杜威的学生。后来因为政治因素,实用主义在中国遭到批判和遗弃。但改革开放后,中国哲学界重新开始注重对实用主义的研究。

詹姆斯明确地将实用主义与"英国人研究一个概念的伟大方式"联系起来,即"马上问自己:它被称为什么? 它导致了什么事实?"皮尔斯这样表述实用主义原则:"试

考虑一下我们认为我们的概念的对象所能有的效果（这些效果可以设想具有实际意义），那我们关于这些效果的概念就是我们关于对象的整个概念。"

采用实用主义观点的一个后果是，对于许多哲学问题，与其说解决了，不如说消解了。杜威写道："智力的进步通常是通过纯粹放弃问题以及它们所假定的两种选择而带来的结果——这种放弃是由于它们的活力下降和我们兴趣的改变。我们并没有解决哲学问题：我们克服了它们。"詹姆斯说得更简洁有力："在我看来，哲学进步的真正路线不是通过康德，而是绕过他到达我们现在所处的位置。一旦你理解了任何信念的实际意义，就没有其他东西可以理解。旧的哲学问题被看作糊涂的思维方式的产物，因此被简单地抛弃了，就像询问活塞是由什么组成的，或者需要多少条水蛭来治疗水肿那样多余。"

自杜威之后，实用主义与分析哲学传统融合，出现了一批著名的分析的实用主义哲学家，包括蒯因、罗蒂、普特南、布兰顿等人。一些学者认为维特根斯坦在某种程度上也是实用主义者。

▶▶ 哲学的未来

> 在科学上没有平坦的大道，只有不畏劳苦沿着陡峭山路攀登的人，才有希望达到光辉的顶点。
>
> ——马克思

随着科学技术的不断发展,有人认为哲学似乎没有用了,因为属于哲学的传统问题,似乎越来越被科学所挤占,于是哲学似乎丧失了自己的学科空间,进而丧失了其有用性。

要想回答这一问题,就需要厘清哲学之用是什么。今天的科学时代,实际上更多的是科学发生实用化转向之后带给我们的时代。传统而言,科学所追求的是对世界的终极认知,它同样拒绝实用化的导向。科学家戴维、法拉第拒绝为自己的科学成就申请专利。诺贝尔奖获得者、著名科学家费曼也曾经说过,物理学可能会带来一些现实成果,但这并不是物理学家从事物理学研究的原因。1840年前后,英国哲学家惠威尔创造出了"科学家"(scientist)一词,以代表当时开始出现的职业科学家。但"科学家"一词却在英国遭到了许多科学家(我们今天所认为的)的反对,包括赫胥黎、开尔文勋爵等人,其中非常重要的一个原因就是他们不认同将科学与以追求实用为特征的技术等同起来。当然,第二次工业革命以来,特别是第二次世界大战之后,科学的实用化转向的趋势越来越明显,科学和技术之间的关系变得越来越紧密,比利时哲学家奥托瓦、法国哲学家拉图尔等人甚至主张使用"技性科学"(technoscience)一词来表示科学和技术之间的紧密结合。不管我们将科学理解为一种无用的知识追求还是一种有用的改造现实的力量,都无法取消哲学的作用。

首先,如果我们将科学视为一项知识性的事业(即便

今日科学普遍都在追求实用性,但我们仍然不能否认它们依旧在探索对世界的认知),无论科学对世界的认识有多深入,科学所解决的主要是事实问题,事实之外仍然存在着价值的问题。在此意义上可以说,科学追求真,而哲学则追求善与美,真善美的结合才能带给人类一个完整的世界。不仅如此,即便是科学本身,事实上也需要哲学。因为科学家对科学的追求,主要是解决问题,不管这些问题是理论问题还是现实问题。而在这之外,仍然需要思考科学的基础问题,哲学上将这类问题称作认识论问题,即科学的基础、科学是否是客观的、如何获取更加客观的知识、是否存在统一的科学评价方法等。

其次,如果将科学视为一项功利性的事业,进而用技性科学来指代当下科学和技术相融合的状态,那么哲学的作用仍然存在。英国哲学家菲利普·福特提出了著名的"电车难题"。假设一辆有轨电车刹车失灵了,有五个人被绑在前方的轨道上,电车往前行驶,必然会轧到这五个人;但在电车前方有一个分岔口,如果扳动轨道控制开关,那么可以让这辆车行驶到岔路上,但在岔路的轨道上绑着另外一个人。在这种情况下,人们该怎么做?扳动开关?还是让电车正常往前行驶?这一难题后来演化出了很多变种,但无论何种变种,都需要人们做出选择。实际上,不选择也是一种选择。不过,不管做出哪种选择,都会给人们带来道德难题。我们可以进一步设想,如果一辆无人驾驶汽车面临这样的情况,该如何做呢?汽车制造公司该如何设计算法以便让汽车在这种情况下做出选择呢？在这一案例中，道德问题不仅涉及选择本身，而且涉及不同选择可能带来的责任分配问题。

因此，不管科学如何发展，哲学仍然是有其存在的必要的。也正源于此，英国科学家、小说家C. P. 斯诺才提出了著名的"两种文化"的概念，即考虑到科学和人文之间的分裂，我们应该如何将科学和人文融合起来。

那么，我们该如何思考哲学之用呢？来看一下庄子对这个问题的回答。庄子是我国战国中期的大哲学家，也是我国道家思想的代表人物之一。惠施是庄子同时代的政治家、哲学家，也是庄子的好朋友。庄子的许多重要哲学思想就是在与惠施的辩论中阐发出来的。在辩论中，惠施多次批评庄子的学说"无用"，是中看不中用的"瓠"（葫芦），甚至是不中看也不中用的"樗"（臭椿树）。面对惠施的批评，庄子回应："今子有大树，患其无用，何不树之于无何有之乡，广莫之野，彷徨乎无为其侧，逍遥乎寝卧其下。不夭斤斧，物无害者，无所可用，安所困苦哉！"庄子的回应中包含一种重要的思想，即对功利之用和非功利之用的区分。从功利之用的角度看，臭椿树确实是无用的，但它却因为不符合木匠的功利之用，而得以自由茁壮地生长，展现了生命的美丽，成就了自己的非功利之用。人们往往只能从功利的角度去发现、评价事物的功用，而很少从非功利的角度去发现、评价事物的功用。用庄子的话说，就是不能发现无用之用，而这种无用

之用往往却是大用!

从功利的角度看,哲学确实无用,但它的"无用之用"却是人类社会持久发展不可或缺的。

首先,哲学的功能在于阐明文化的共相。作为理论化、系统化的世界观,哲学通过概念和范畴进行思考。这些概念和范畴不是永恒不变的,而是随着人类思维的发展而发展变化着的。它们不仅凝结在哲学中,更表现在人们的语言中,存在于人们的各类理智活动中,其总和构成了特定时代人类理智和智慧的基础。例如,不管是在日常生活中、科学研究中,还是在实践活动的各种形式中,我们都会用到原因和结果这两个概念。也就是说,特定时代的哲学的概念和范畴会出现在人类的所有思考中,就此而言,它们构成了最普遍、最基础的文化形式,即文化的共相。哲学的首要功能就是阐明这些人们必然使用但未必自觉到的文化的共相。

其次,哲学的功能在于理性化。也就是把非哲学的世界观形式转换为逻辑的、概念的形式,即哲学的形式,从而使人类理智和经验的成果能够更有效地继承、传承。例如,在古希腊,作为世界观的神话非常发达,神话是"已经通过人民的幻想且用一种不自觉的艺术方式加工过的自然和社会形式本身。"后来的古希腊哲学直接脱胎于古希腊神话,把神话的诗性形式翻译成了理性语言。

再次,哲学的功能在于批判。黑格尔把哲学史比喻为"厮杀的战场",他说:"全部哲学史就这样成了一个战场,堆满了死人的骨骸。它是一个死人的王国,这王国不仅充满着肉体死亡了的个人,而且充满着已经推翻的和精神上死亡了的系统,在这上面,这一个杀死了另一个,并且埋葬了另一个。"事实上,每个时代的哲学舞台都是一个"厮杀的战场",或多或少的哲学思想厕身其间,为证明自己是真正的哲学而开展不同形式的竞争。但是,最终只有那些接受了时代拣选的哲学思想才能够证明自己是属于这个时代的真正的哲学,进而在哲学史上留下或深或浅的印记。而这些真正的哲学的形成过程汇总,总是伴随着对各种谬误、偏见、错误和陈规的批判。

最后,哲学的功能在于展望未来。真正的哲学是"密涅瓦的猫头鹰":它因为黄昏时才起飞,所以才能对过去(时代已经展开的部分)看得更全面,对未来(时代即将展开的部分)预见得更准确。对于真正的哲学来说,面向时代精神的未来包含两重维度:照亮未来和推动未来的降临。在马克思主义哲学诞生之前,所有真正的哲学都满足于照亮未来,而在推动未来的降临问题上却止步不前。只是马克思之后,哲学才突然意识到:"哲学家们只是用不同的方式解释世界,而问题在于改变世界。"从而第一次完整地意识到自己的使命,并在无产阶级的解放运动中找到了实现自己的使命、推动未来的降临的现实途径。由此可见,哲学不仅是对过去、当下和未来的反思,而且会在这种反思中推动人类社会走向一种更加美好的

未来。

可以看出,哲学之用为非功利之用,这种非功利之用当然有其时代特征,因此,我们就应该基于我们的时代,对哲学的这种非功利之用做出阐明。而这也就是对当代哲学研究该走向何方的一种解答。

首先,既然哲学关心的是人类生存的根本性问题,那么,只要人类社会仍然有其区别于自然界的特殊性,这种价值关怀就仍然具有其重要价值。不过,正如马克思所说,哲学是时代精神的精华,哲学不可避免会带有历史性,会受到哲学家所处的历史时代的影响,因此,我们关于哲学问题的思考也要立足于当下的时代。例如,对善的思考是人类永恒的主题。在中国,孔子认为善的最高境界是仁,而仁的实现则又要靠礼。孟子主张性本善,善之本性又体现为四端,"恻隐之心,仁之端也;羞恶之心,义之端也;辞让之心,礼之端也;是非之心,智之端也。人之有是四端也,犹其有四体也。"荀子主张人性本恶,如其所言"人之性恶",但他接着说"其善者伪也",即人可以通过努力达到善。该如何努力呢?则要靠教化和法度。西方先哲同样关注善。苏格拉底认为善是最高的道德范畴,"美德即知识"即是说美德是对绝对、普遍之善的知识。柏拉图认为,善是整个宇宙的最高准则,是宇宙万物的根本动力和终极目的。亚里士多德则认为,道德行为要在两个极端之间执中而行,如怯懦与鲁莽的中道是勇敢,羞涩与无耻的中道是谦逊,等等。可以看出,既往先贤一方面讨论了善是什么,另一方面也讨论了求善之路。到了今天,善仍然是人类社会所追求的理想,而求善之路,与先贤相比,则既有传承,又有时代的创新。在讨论这个问题之前,我们先看一下西方哲学家在讨论技术起源时经常会提到的一个神话故事。

神创造各种生物之后,埃庇米修斯负责给生物分配属性,如速度、力量、飞翔等,但当所有属性分配完成后,他发现已经没有其他属性可以分配给人了。他的兄弟普罗米修斯发现了这一点,于是便从赫菲斯托斯和雅典娜那里偷来了各种技艺以及火,并将之教给人类。由此,人类拥有了各种技艺,却缺乏政治技艺,也就缺乏了社会秩序,这样他们就会陷于彼此危害甚至互相毁灭的境地。于是,宙斯派赫尔墨斯来到人间,给人类带来了尊敬、正义和秩序等美德。

这尽管是一个神话故事,但其现实之处在于表明了人与技术之间的关系,即伦理秩序总是不可避免地与技术联结在一起,因此,随着技术的发展,伦理秩序也需要进行重构。

因此,当代对伦理、道德问题的考察,必须以当下的时代特征为基础。再看一个例子。英国人尼尔·哈比森是一位色盲患者,2004年,他接受了一次手术,在头骨中植入了一个芯片,芯片连接着一个外部传感器,这个装置可以将颜色转换为声音信号,从而能够让他"听到"不同

的颜色。哈比森的这一身份最后获得了英国政府的官方认可，这个"触角"甚至进入了其护照照片，他也就成为世界上第一位获得官方承认的"赛博格"。这个例子告诉我们：一方面，科学技术的进步确实给人类带来了莫大的福利；另一方面，随着科学技术对人类自身的改变，人的定义也在发生变化。甚至有学者指出，在作为生物体的人类之外，出现了一个新的物种，即人机杂合体。人们将这种杂合体称为赛博格、后人类等。

事实上，面向当下，即是面向未来。该如何理解这一点呢？就如同在哈比森的故事中，人们为何会对人的界定做出改变呢？这不仅是为了应对人类当下所面临的状况，更是为了提前应对将来可能出现的更多的类似情况。在此意义上，可以说，所有的伦理和道德问题既是面向当下的，也是面向未来的。我们国家在这方面的看法同样如此。2019年7月24日，中央全面深化改革委员会会议审议通过了《国家科技伦理委员会组建方案》，同年10月，国家科技伦理委员会正式成立。成立这一委员会的目的，就在于加强统筹规范和指导协调，推动构建覆盖全面、导向明确、规范有序、协调一致的科技伦理治理体系。这一委员会的成立，不仅表明伦理学的研究要将科技发展所带来的新变化纳入在内，也表明伦理学不能纯粹停留于书斋之中，而要走向行动，去构造一个科技与伦理、自然与社会和谐并进的新时代。这正如马克思所要表明的，哲学家的工作应该把改变世界的任务包含在内。

其次，随着人类知识的不断发展，学科分化越来越细，甚至可以说，近代以来诸多学科的诞生，就是其从人类文化的母体哲学之中不断独立出来的过程。学科既然能够发生分化，就说明不同学科对人类社会的不同侧面都进行了独到的研究。在此意义上，哲学也不应该将视野局限于诸多学科剥离之后所剩下的狭小的范围，哲学研究应该坚持跨学科的视野，积极吸纳其他学科的知识、方法，从而不断推动自身的发展。事实上，历史上许多著名的哲学家，其本身的学科身份就是非常多元的。在古代，学科尚未分化，因此哲学家大多是百科全书式的学者，亚里士多德就是其中的典型代表。近代以来，科学家和哲学家的身份往往是混同的。牛顿尽管是科学家，但他在《自然哲学的数学原理》中仍然讨论了许多哲学问题，因为其新的科学研究方法需要哲学方面的辩护。笛卡儿既是著名的哲学家，又是著名的数学家、物理学家。即便是康德，我们知道他是一位纯哲学家，但他对当时的科学发展也非常熟悉，甚至提出了太阳系起源的星云假说（后来被称作康德-拉普拉斯星云假说）。法国著名哲学家加斯东·巴什拉甚至说"科学创造了哲学"，即是说哲学要随着科学等其他学科的发展而不断进化。

哲学要坚持跨学科的思维，并不是说要把哲学的学科特性消解在其他学科之中，而是说，要从其他学科吸收、借鉴，从而不断充实、丰富自己对哲学的理解。例如，哲学与社会学之间的关系是非常紧密的，许多社会学家

都坚持开放的态度,将深刻的哲学思想融入自己的社会学体系之中。但实际上,社会学也可以为哲学提供许多启发。社会学侧重于将人类的思想、行为、现象放入社会之中进行理解,其根本原因就在于不管思想、行为还是现象,其主体都是人,人生存于社会之中,就不可避免地受到社会的影响。在此意义上,哲学家同样不能将人与社会隔绝,甚至将思想与思想的主体隔绝,例如有的哲学家就提出"没有认识主体的认识论",即主张把认识主体与认识本身彻底分割开来。在此意义上,哲学应该坚持开放的态度。就上述问题而言,至少坚持方法论上的开放性。这种开放性并不必然导致对自身特性的摒弃,因为只要讨论的核心问题仍然是哲学的,那么其哲学属性就没有变化。

再次,哲学不仅要保持学科的开放性,也要坚持不同哲学体系之间的开放性。哲学作为时代精神的思想反映,一方面,不同民族、不同国家基于不同的文化特质,形成了不同的哲学体系,因此我们可以说中国哲学、欧洲哲学、印度哲学等;另一方面,同一民族、同一国家、同一文明又由于历史发展的阶段性特征,从而形成了同一哲学体系在不同历史时期的特殊性。在此意义上,哲学的未来应该保持不同哲学体系面向空间和时间的双重开放性。

事实上,不同文明的哲学,其历史发展也验证了这种开放性。佛教源于印度,后传至中国,中国人开明地接受了这一思想体系,并在历史进程中不断发展这种思想,以至形成了儒佛道彼此并行又相互影响的独特的思想奇景。到了近代,西方哲学传入中国之后,中国的许多思想也并未坚持一种全盘接受的态度,而是基于中西文化之间的融通,从而试图发展出一种能够兼容中西文化优点的新哲学,以"昌明国粹,融化新知"为目标的学衡派就是其中的一个代表。欧洲的许多思想家也非常推崇中国的哲学思想。莱布尼茨说:"如果说我们在手工技能上与他们(中国人)不分上下、在理论科学方面超过他们的话,那么,在实践哲学方面,即在人类生活及日常风俗的伦理道德和政治学说方面,我不得不汗颜地承认他们远胜于我们。""人类最伟大的文明与最高雅的文化今天终于汇集在了我们大陆的两端……当这两个文明程度最高和相隔最远的民族携起手来的时候,也会把它们两者之间的所有民族都带入一种更合乎理性的生活。"其他的许多思想家也都表露过对中国文化的推崇,如歌德、叔本华等,著名物理学家玻尔甚至将太极图放入了其家族的族徽之中。日本著名物理学家汤川秀树也曾经提到老庄思想对其物理学研究的启发,尽管这种启发并不代表老庄思想与当代物理学思想之间的关联性,但启发并不必然要求这种关联性。

在当代哲学的发展中,许多学者都主张不同哲学体系之间的对话与会通。英国科学哲学家安德鲁·皮克林的工作就受到了法国哲学的影响。甚至也有学者指出皮

克林与朱熹思想的共通之处,尽管这种共通只能是在比较意义上而言的,并不具有思想史的逻辑意义。法国当代哲学家拉图尔的思想中也具有深刻的英国哲学背景,如果没有这种背景,法国本土哲学是难以产生出拉图尔这样特殊的思想家的。中国当代的许多哲学家也主张不同思想体系之间的融合,例如,倪梁康提出"心性现象学",力图在融合阳明心学、唯识学以及现象学的基础上,提出一种新的哲学思想;张祥龙则试图在融合儒学与现象学的基础上做类似的工作。当然,哲学体系之间的对话是可能的,但融合的难度就大多了,这确实是摆在今天的哲学工作者,并且可以想见,也是摆在未来的哲学工作者面前的难题。

同时,全球化时代的来临,给哲学工作者提出了更高的要求。为了更好地应对全球化给人类所带来的机遇和挑战,当代中国马克思主义提出了"人类命运共同体"的概念。如何基于"人类命运共同体"这一理念,构建一种新的哲学形态,也是摆在中国哲学工作者面前的一项艰巨任务。

最后,哲学要兼有批判性与建构性。批判性是哲学的根本属性。前文我们曾经说过哲学的批判功能,许多哲学家也都做过类似的表述。例如,尼采说过:"哲学家不应该仍然满足于别人交到自己手里的概念,进而揩拭一番,使其重放光芒。哲学家应当着手制造、创新和提出概念,并且说服人们去运用。"现代科学哲学的奠基者之一石里克也曾经说过类似的话:"基本上每一个新的体系都是整个从头开始,每一个思想家都追求他自己的坚实基础,而不愿意随着前人亦步亦趋……因为几乎所有的伟大思想家都把哲学的彻底变革看成必要的,并且亲自进行这种变革。"尼采和石里克似乎在强调哲学研究必须重起炉灶,但实际上,哲学研究并不完全是重起炉灶的。我们有时候会听说"某某学派",例如法兰克福学派、维也纳学派等,实际上就是在表明学派中的人至少是存在着某些共同点的,或者说他们属于同一个学术共同体。但他们内部也并不是完全一致的,因此,在同一学派内部,不同哲学家之间也会存在批判性,但这种批判实际上是对既有哲学观点的部分改造,从而试图使之更加正确。

不过,我们不能纯粹为批判而批判,批判的目的应该是建构,即建构一种新的哲学,为人们理解或解决某些问题提出一种方向性的指引。事实上,不管是修补完善,还是另起炉灶,实际上都是在对前人的观点进行批评,但我们不能简单地将批评的目的归结为驳倒,而应该理解为找到一种更为合理的哲学体系。因此可以说,常识意义上的批判往往是破坏性的,用20世纪哲学的术语来说,是解构性的;而哲学中的批判在某种程度上则是建设性的,用哲学的话来说,就是建构性的,尽管建构这个词在哲学界也充满歧义。因此,哲学的批判实际上是经过审慎的分析,从而寻求到一种更为合理的立场或观点。

不管面向过去、当下还是面向未来,哲学都应坚持其

批判性和建构性相结合的思路，同时也应该将这种思路关照人类当下乃至未来可能的生活方式。例如，随着大数据、人工智能技术的发展，隐私问题、消费引导问题甚至技术异化问题成为哲学家经常讨论的主题；随着医疗技术的进步，这类技术的治疗性功能和增强性功能也引发了越来越多的争议。但这类讨论不能停留于简单的批评层面。如果只是对这些技术的发展所带来的问题提出批评，我们不能说这种批评没有作用，因为它确实可以让我们认识到日常思维所忽视的一些东西，但更重要的在于，正如马克思所说，哲学作为"高卢雄鸡"，它能够为人类做出指引，不管这种指引是面向当下的，还是面向未来的。在此意义上，哲学研究不能仅仅停留于书斋之中，同样应该关照现实。例如，为了进一步促进人工智能技术的健康发展，促进科学进步与社会治理之间的协调演进，确保人工智能安全、可靠、可控，2019年6月17日，国家新一代人工智能治理专业委员会发布了《新一代人工智能治理原则——发展负责任的人工智能》这一纲领性文件。其中体现了非常强的哲学特征，这正是哲学面向未来、为人类进步所做出的努力。

因此，不管科学技术如何进步，不管人类未来走向何方，哲学是不会消亡的；但哲学同样需要与社会同发展、同演进，只有如此，才会创造出更加有前景的未来。

学哲学、用哲学

> 一个没有发达的自然科学的国家不可能走在世界前列,一个没有繁荣的哲学社会科学的国家也不可能走在世界前列。
>
> ——习近平

我们已经了解了哲学的基本内涵、历史演进和当代发展,那么,大学里的哲学系是什么样子?哲学专业的学生都要学些什么?哲学系的毕业生又都去做什么了呢?

▶▶作为学科的哲学

> 人是一株会思考的芦苇。
>
> ——帕斯卡

哲学从其本义来说,即为爱智慧,也就是对智慧的热爱与追求。正因为如此,爱因斯坦才说:"如果把哲学理解为在最普遍和最广泛的形式中对知识的追求,那么,显然,哲学就可以被认为是全部科学研究之母。"既然如此,人们不免会问:哲学需要学习吗?或者说,作为智慧的哲

学是否能够通过学习获得呢？显然，第一批哲学家肯定都是无师自通，主要依靠自己的思想力量成就自我。不过，随着哲学的不断发展，哲学很快也需要学习了。因为如果不去理解和消化既有的哲学思想，一心只用自己的想象力去闭门造车、营造自己的体系，那肯定不是真的"爱智慧"，至多是耍小聪明。

➡➡哲学学习：从学园走向大学

那么，可以在哪里学习哲学呢？在哲学的第一个一千年里，哲学家的家里似乎是哲学学习的主要场所。在这方面，孔子无疑是一个很好的典范。《史记·孔子世家》记载，孔子开私学，"孔子以诗、书、礼、乐教，弟子盖三千焉，身通六艺者七十有二人。"除了哲学家的家里，这一时期也出现过若干专事哲学教学的学府。在我国，有战国时期齐国政府创办的"稷下学宫"，它的出现有力促进了当时"百家争鸣"的思想局面。在古希腊，许多大哲学家也都创办过自己的学园，开展哲学教育，如柏拉图创立的"阿卡德米学园"，亚里士多德创立的"吕克昂学园"，就是其中典型的代表。16世纪，意大利画家拉斐尔创作过一副伟大的壁画作品，名叫《哲学》，也称《雅典学院》，就艺术地再现了当时雅典哲学教育的盛况。

9世纪末，欧洲天主教教会创办的神学院在教授神学之余，也教授哲学等其他学科的内容，现代意义上的大学就此形成。1158年，意大利的博洛尼亚大学获得大学称号；1180年，法国的巴黎大学获得大学称号。在此之后，牛津大学、剑桥大学等大学陆续兴起，大学也就逐渐成为哲学学习的主要场所。

➡➡小但重要的哲学学科

不管在中国，还是在世界范围内，哲学无疑都是一个很小的学科。根据教育部发布的《2020年全国教育事业发展统计公报》，我国现有各类高校2 738所，开设哲学本科专业的高校有80余所，占比不到3%；全国各类高等教育在学总规模约4 183万人，哲学专业在校大学生总数不超过1万人。哲学专业的小，由此可见一斑。甚至可以说，哲学学位就像大熊猫一样珍贵。哲学学科虽然小，却很重要。

第一，哲学是一个独立的学科门类。

工业革命之后，人类的知识生产以加速度的方式飞速增长，其结果之一就是导致当今大学里新的学科、专业不断形成。时至今日，学科、专业的总体规模较之于过去（特别是20世纪之前）有了巨大增长。不过，这种增长并没有改变人类知识体系的基本分类。我国现有的大学专业设置，是根据我国国务院学位委员会、教育部印发的《学位授予和人才培养学科目录》对应设计的。根据教育部《普通高等学校本科专业目录（2020年版）》以及列入普通高等学校本科专业目录的新专业名单（2021年），我国现有740个本科专业，这740个本科专业归属于12个学

科门类,即哲学、经济学、法学、教育学、文学、历史学、理学、工学、农学、医学、管理学、艺术学。

在本科专业层次上,哲学门类中只有一个哲学类(0101)专业,其中包含4个本科专业,即哲学、逻辑学、伦理学和宗教学。尽管只有4个本科专业,而且逻辑学、宗教学、伦理学这3个专业也只在极少数的大学开设,但它与下设200多个本科专业的工学学科门类相比,学科地位是一样的。在硕士、博士研究生层次上,哲学学科包含8个二级学科、专业,即马克思主义哲学、中国哲学、外国哲学、逻辑学、伦理学、美学、宗教学、科学技术哲学。同时,按照相关规定,有关大学和科研机构也可以自行增设一些二级学科专业,例如,南京大学就增设了"东方哲学与宗教"专业。

第二,哲学往往是公认的好大学的标配。

哈佛大学、斯坦福大学、剑桥大学、麻省理工学院、加州大学伯克利分校、普林斯顿大学、牛津大学、哥伦比亚大学、加州理工学院、芝加哥大学这十所高校全部设有哲学系或哲学专业。即便是以理工科见长的麻省理工学院也设有哲学系,尽管其哲学是与语言学合并设置的。

清华大学、北京大学、浙江大学、上海交通大学、南京大学、复旦大学、中国科学技术大学、华中科技大学、武汉大学、西安交通大学这十所高校也均设有哲学系。即便一般被认为是纯理科高校的中国科学技术大学也设有哲学相关院系,只不过与其学校的学科导向相对应,它所设立的哲学系为科学哲学系,主要关注哲学学科中的科学哲学方向。

虽然我们不能说有哲学系、哲学专业的大学就是好大学,但上述情况足以说明,好大学往往都把哲学系、哲学专业作为标配,即便是纯粹理工科大学也是如此。这一点值得我们思考。

第三,哲学在现代大学的本科教育教学改革中占据核心地位。

第二次世界大战结束后,美国的哈佛大学、耶鲁大学等世界一流大学大力倡导以通识教育为核心的本科教育教学改革,取得的成功有目共睹。20世纪90年代中期以来,我国高等教育界也开始思考通识教育。2017年,国务院印发的《国家教育事业发展"十三五"规划》明确指出,要"探索通识教育和专业教育相结合的人才培养方式,推行模块化通识教育,促进文理交融。"在探索中国式的通识教育改革之路时,人们发现,通识教育的目标在于培养具备远大眼光、通融见识、博雅精神和优美情感的完整的人,而哲学的无用之用就在于教育,就在于使人们认识到"人应尊敬他自己,并应自视能配得上最高尚的东西。"在此意义上,"认识世界,学会做人"可以说是哲学教育的核心,当然,这里的学会做人并不是要教给大家为人处世的技巧甚至厚黑之道,而是使人认识到人之为人的特殊性,从而成长为特殊的自己;并在此基础上认识到人与人的

关系、人与社会的关系，进而形成恰当的人生观、价值观。因此可以说，哲学不仅天然地具有通识教育的属性，而且内在地构成了通识教育的核心和基础。所以我们看到，无论在国外，还是在中国，凡是有本科教育教学改革的地方，都少不了哲学的身影，哲学在当代本科拔尖人才的培养中发挥着与其体量完全不相称的"大作用"。

➡➡中国大学的哲学专业

我国许多重点大学均设有哲学系，不同大学的哲学系也各有特点，这种特点一方面表现在其研究方向上，另一方面表现在其本科生培养模式上。但不管有何种差别，这些哲学系都为我国哲学人才的培养做出了重要贡献。

2017年，教育部公布了全国第四轮学科评估结果，当时全国有84所学校的哲学学科参加了评估，评估结果在A级的有8所学校。

评估结果	学校名称
A+	北京大学
A+	复旦大学
A	中国人民大学
A	南京大学
A-	北京师范大学
A-	吉林大学
A-	武汉大学
A-	中山大学

这8所高校的哲学学科代表了中国哲学界的最高水准。其他高校的哲学学科实力也非常雄厚,且有自己浓厚的特点,例如,山西大学的科学技术哲学专业在国内学界也非常有影响力。

也是在2017年,教育部、财政部、国家发展和改革委员会联合发布了《关于公布世界一流大学和一流学科建设高校及建设学科名单的通知》,正式公布了世界一流大学和世界一流学科建设高校及建设学科名单,这就是人们一般所说的"双一流"。据这份名单,首批"双一流"建设高校共计137所,世界一流学科建设高校95所,"双一流"建设学科共计463个。其中,共有5所高校的哲学学科入选了"双一流"建设学科名单,分别是北京大学、复旦大学、中国人民大学、南京大学和中山大学。这5所大学的哲学系成为国内哲学研究的第一方阵。

上述数据在一定程度上代表了国内各高校哲学学科的综合实力。同时,本科生培养是高等教育人才培养的基础,哲学本科专业的建设也是国家长期以来关注的重点。

2018年10月,教育部等六部门发布了《关于实施基础学科拔尖学生培养计划2.0的意见》,在数学、物理学、化学、生物科学、计算机科学的基础上,将基础学科拔尖学生培养计划的实施范围扩展到了天文学、地理科学、海洋科学、地球物理学、地质学、心理学、基础医学、哲学、经

济学、中国语言文学、历史学。基础学科拔尖学生培养计划（简称"拔尖计划"）首次扩容至文科专业。2019年，教育部组织了第一批"拔尖计划"2.0基地的评选。2020年，评选结果公布，4所高校的哲学专业入选了第一批"拔尖计划"2.0基地，分别是中国人民大学、复旦大学、南京大学、武汉大学。2020年，第二批"拔尖计划"2.0基地入选名单公布，5所高校的哲学专业入选，分别是北京大学、清华大学、北京师范大学、南开大学、吉林大学。至此，共有9所高校的哲学专业入选了"拔尖计划"2.0基地。哲学专业"拔尖计划"2.0基地的设立，表明了教育部对哲学本科教育的高度重视。

2020年1月，教育部发布了《教育部关于在部分高校开展基础学科招生改革试点工作的意见》，在"一流大学"建设高校范围内遴选高校开展试点，试点专业包括数学、物理学、化学、生物学及历史学、哲学、古文字学等，目的在于选拔培养有志于服务国家重大战略需求且综合素质优秀或基础学科拔尖的学生。基础学科招生改革试点（简称"强基计划"）高校有36所，其中相当一部分学校的哲学专业实力雄厚。在教育部的指导下，这些哲学专业按照相关要求进行了招生改革。同年9月，"强基计划"的第一批学生入学。

哲学专业"拔尖计划"和"强基计划"的实施，表明了教育部对哲学本科教育的高度重视。此后，我国哲学专业本科阶段的学生培养工作将会获得国家更加有力的政策支持。

➡➡中国大学的哲学专业招生

在各大学进行各种招生改革之前,各学校哲学专业的招生模式大致相近,一般会在提前本科批次和普通本科批次招生,例如,南京大学哲学专业一直都是在普通本科批次招生。在这种招生模式下,学生入学之后直接进入哲学系进行专业培养。近年来,许多大学都进行了本科生培养模式改革并同步进行了本科招生改革。南京大学自2017年开始实行大类招生,哲学属于人文大类,因此,招生时按照人文大类统一招生,到大学一年级下学期再进行具体专业志愿填报。另外,也有部分大学仍然实行分专业招生,但大学一年级采取大类的方式进行培养。大类招生改革,对哲学专业是有利的,因为经过一年的大类学习,许多学生基于对哲学类课程的学习,萌生出浓厚的哲学学习兴趣。当然,对学生来说也是利好之举,它给了大家充分的时间以认清自己的兴趣所在。2021年暑假,南京大学对2020级人文大类学生进行了专业分流,分流方向包括文学、历史学、哲学、新闻传播学、国际汉语教育,其中,哲学专业的学生志愿填报人数超过了哲学专业的计划录取人数。这充分表明,学生对哲学系、对南京大学哲学专业的高度认可。

"强基计划"采取高考成绩加校考成绩综合排序的方式,在提前本科批次之前进行录取,这是对学生学习兴趣

的最大尊重。也就是说,如果学生选取了哲学"强基计划",那么入学后就会直接进入哲学专业进行学习。"拔尖计划"采取二次招生的方式进行。所谓二次招生,就是学生在大学一年级入学之后进行二次选拔,通过哲学专业选拔的学生,即进入哲学"拔尖计划"培养序列。2020年,南京大学哲学专业进行了"强基计划"招生和"拔尖计划"二次选拔招生,录取的学生单独编班。也就是说,尽管实行了大类招生,南京大学哲学系还是有了自己的大学一年级学生。不过,在大学一年级,这部分学生会与人文大类的学生,统一在南京大学新生学院的秉文书院进行培养,但对他们的培养会按照哲学系单独制订的"强基计划学生培养方案"和"拔尖计划学生培养方案"执行。换句话说,这部分学生既能享受到哲学系本科培养的种种利好政策,又可以在秉文书院接受大类培养阶段的熏陶,这对学生的学术成长是非常有利的。其他具有哲学"强基计划"和"拔尖计划"招生资格的高校,也都根据自己学校的本科培养模式,确定了相应的培养方案。

另外,为了更加尊重学生的学习兴趣,有的大学在入学后还提供了转专业的机会,对哲学感兴趣的学生可以通过转专业的方式进入哲学系。例如,南京大学的学生入学后还有三次机会可以转入哲学系。第一次机会是大学一年级入学后的"拔尖计划"二次选拔,这一选拔一般在开学后的一个月内(军训期间)进行;第二次机会是大学一年级下学期,除了人文大类的学生可以通过专业分流进入哲学系之外,其他大类的学生也可以通过跨大类准入的方式进入哲学系学习;第三次机会是大学二年级下学期,其他专业的学生可以以转专业的方式进入哲学系。近些年来,有来自大气科学学院、天文与空间科学学院、生命科学学院、外国语学院、文学院等专业的许多学生提交了转专业的申请并最终被录取至哲学系,这些学生都表现出了非常好的学习能力。他们中有人毕业后以推荐免试身份继续在南京大学哲学系或国内其他知名高校哲学系深造,有的到国外著名高校留学,有的则走上了工作岗位。不管出路如何,哲学都在他们身上留下了不可磨灭的烙印。另外,各高校也以辅修、第二学位、双学位等方式为其他专业中喜欢哲学的学生提供了丰富的学习机会。

▶▶大学中的哲学专业学习

> 我从哲学的探索中得到的一切欢愉,有如看到一个正从峡谷中浮现出来的崭新景观一样。
>
> ——罗素

有些人可能会有一种印象:高中生活太辛苦,到了大学就轻松了。大学生活确实丰富多彩,但大学学习并不轻松,许多大学每年都会有部分学生因为达不到相应要求而拿不到学位证甚至毕业证。哲学专业虽然并不是大学里面难度最高的专业,但绝对不是最轻松的专业。要

想学好哲学,必须打起十二分的精神,积极投入到学习中去。

在长期的学生培养实践中,国内高校哲学系均形成了较为完备的哲学人才培养模式,这些模式既有共性,又充分体现了各个大学的特点。

➡➡培养目标

2018年,教育部高等教育司组织高等学校教学指导委员会研究制定了《普通高等学校本科专业类教学质量国家标准》,为各专业类中所有专业所应达到的质量标准提出了具体要求。其中,哲学类教学质量国家标准规定的哲学相关专业培养目标为:坚持以马克思主义为指导,培养具有坚定正确的政治方向、扎实的哲学专业基础知识、较强的理论思维能力和能够运用哲学思维认识、分析理论及现实问题的能力,良好的人文基础和自然科学素养,强烈的社会责任感和宽广的国际视野,良好的人际沟通和社会交往能力,善于合作的团队意识和一定的创新、创业能力的专门型或复合型人才。可以看出,这一培养目标的设置考虑了社会主义大学的人才培养导向、哲学专业的人才培养特色以及当代大学生所应具有的一些共通性素养,为培养新时代哲学专业本科生提供了方向性的指导。

在这一目标的指导下,各高校哲学系根据自己学校和院系的具体情况,立足于德、知、行三个层面,从知识、能力、素养等维度,制订了具有自己特色的培养目标。例如,北京大学哲学专业的培养目标为:培养具有丰富的哲学史知识和较高的哲学思维能力的理论人才,以及具有广博知识背景的复合型人才。经过四年学习,使学生初步具备哲学原典的阅读与独立研究能力,具有较高的理论思维能力与语言表达能力,能够以自己的哲学素养处理现实工作中遇到的各种社会与文化问题。哲学专业的学生,除了学习哲学系的基本课程之外,还要对中文、历史、考古等人文学科有较多的了解,对社会科学和自然科学都有一定的了解,具备比较全面的人文与科学的学术训练。复旦大学哲学专业的培养目标为:以马克思主义理论与方法为指导,培养德智体美劳全面发展,具有一定的哲学理论素养和系统的专业基础知识,有进一步培养潜质的哲学专门人才,以及能在国家机关、文教事业、新闻出版、企业等部门从事实际工作的应用型、复合型通用人才。此外,复旦大学哲学专业还根据不同的培养方向,设置了细化的目标。南京大学哲学专业按照学校"三三制"本科教学改革的总体要求,分为总目标和具体培养目标。总目标为:以"立德树人"为根本导向,坚持大师培养,秉承文理融通、古今贯通、中西汇通的教育理念,深化国际交流与合作,面向国家战略需求、思想文化创新和哲学学科前沿,培养具有"中国灵魂、国际视野、未来眼光"的思想引领者、时代担当者和未来掌舵人。具体培养目标有三个方向,分别对应于专业学术类、交叉复合类和就

业创业类。

• 培养高校和科研机构从事哲学教学、研究、理论宣传的拔尖人才，为繁荣中国特色哲学社会科学，为培养能够讲好中国故事、发出中国声音的理论工作者做好人才储备。

• 培养具有良好的交叉复合知识背景，能够在相关人文学科、社会科学领域从事教学、研究、理论宣传的拔尖人才。

• 培养能够适应新时代国家战略需求、德智体美劳全面发展的哲学人才和人文型复合人才，能够胜任党政机关、涉外部门和企事业单位的宣传教育、编辑出版、行政管理、文化交流等工作；培养具有全球眼光和领导能力、综合素质高、自主创业能力强的复合型人才。

➡➡**课程体系**

从课程体系来说，尽管本科专业并未按照哲学下设的8个二级学科进行单独培养，但基本上也都根据这8个二级学科开设了相关本科课程。哲学专业的本科课程，除必要的通识通修类课程之外，一般包括核心课程和选修课程两大类，其中核心课程为每位学生的必修课程，这些课程一般为哲学基础课程。例如，根据2016版专业培养方案，北京大学哲学专业的核心课程包括《哲学导论》《中国哲学(上)》《中国哲学(下)》《西方哲学(上)》《西方哲学(下)》《宗教学导论》《逻辑与论证》《伦理学导论》《美学原理》《科学哲学导论》，另有学年论文和毕业论文，共计33个学分；根据2021版专业培养方案，南京大学哲学专业的核心课程包括《中国哲学史（上）》《中国哲学史（下）》《欧洲哲学史（上）》《欧洲哲学史（下）》《宗教学导论》《马克思主义哲学原理》《马克思主义哲学史（上）》《马克思主义哲学史（下）》《伦理学》《科学技术哲学》《现代逻辑》《现代西方哲学》《科研创新能力培养与提升》，另外，同样设有学年论文和毕业论文，共计47个学分。其他各高校的哲学专业，核心课程设置大致与此相近。

此外，各高校哲学系还根据哲学各二级学科以及本学科的特色方向，开设了丰富的选修课程。例如，北京大学哲学系按照哲学基础类、马克思主义哲学类、中国哲学类、外国哲学类、逻辑学类、宗教学类、伦理学类、科技哲学类开设了相关选修课程，并分别对每类课程设置了学分选修要求。南京大学哲学系也按照相应二级学科方向开设了选修课程，但在学分要求的区分上与北京大学不同。例如，南京大学哲学系将专业选修课程区分为基础选修模块、特色选修模块、本硕贯通选修模块。特色选修模块主要包括"刘伯明短期讲座教授"课程和按照四个培养方向设置的新文科特色课程。其中，四个培养方向为新时代马克思主义工作者、新时代人类命运共同体的构建者与引领者、新时代中华优秀传统文化的创新与发展者、新时代科技前沿问题的哲学反思者；对应的四个课程模块为21世纪马克思主义，人类命运共同体与世界文

明，中华优秀传统文化的创新发展，逻辑、认知与当代科技前沿问题的哲学反思。对大类分流的学生而言，只要从这些课程中修够一定学分即可；对"强基计划"和"拔尖计划"的学生来说，要求复杂一些，需要从各类课程中各修够一定学分。

➡➡研究型培养模式

国内高校特别是研究型大学非常重视对本科生的科研创新能力的培养。除了充分利用挑战杯、大学生创新创业训练计划等载体，提高学生的科研创新能力，各高校哲学专业还根据自身的特点设计了相应的科研能力训练方案。南京大学哲学系在这些方面进行了有益的探索，包括：支持本科生自主创办学术刊物《林间路》，为学生的科研成果提供了展示平台；面向大类班学生实施"爱智慧优秀新人基金"和"拔尖人才培养计划基金"，面向"强基计划"和"拔尖计划"的学生实行"爱智书院-唯真学术创新基金"和"爱智书院-拔尖人才培养计划基金"，为优秀本科生提供科研经费，推动有潜力的学生尽快进入科研状态。自2020级开始，科研项目制按照"每生一项目"的标准进行配置；实施"导师制"培养方案，以研究生培养模式提升本科生的科研能力；制订"优秀学士学位论文评选条例"，采取大学科综合评价方式，邀请校外专家和校内专家共同组成论文评审和答辩委员会，为哲学"拔尖人才"培养提供了可靠的检验机制；开展本科生国外短期访学项目，为本科生创造国际学术交流的机会。这些培养举措取得了积极成效，近些年来，本科生在国内重要学术期刊上的发文量明显增加，其中有多篇论文发表在CSSCI来源期刊上，并被中国人民大学"复印报刊资料"全文转载。有的学生出版了学术著作。也有多位学生参加国际、国内的学术会议，并做会议发言，其所撰写的论文也被相应的会议论文集收录。

➡➡国际化的学术训练

国内高校的哲学系非常重视学生的国际化能力的培养。许多哲学系引进或柔性引进了许多国际知名学者，请他们来国内任职。例如，中国人民大学聘请著名技术哲学家米切姆来校开设课程、指导学生。南京大学哲学系除了引进必要的外籍教师来校任职，还设立了"刘伯明短期讲座教授"席位，聘请国际知名哲学家来校开设本科学分认定课程；每年也邀请一大批国际知名学者来校开展学术讲座。此外，设立本科生国际交流基金，支持本科生赴国外知名大学和重要历史文化场点进行国际交流。2017年以来，先后三次组织本科生赴德国、比利时、以色列、英国进行学术交流，参加的学生有50多人。这类活动极大地开拓了学生的国际学术视野。

➡➡本研贯通的人才培养模式

哲学作为基础学科，得到了所在学校的普遍重视。各哲学系在此基础上，构建了各具特色的本研贯通的人才培养模式。这一模式主要体现在三个方面。第一，本

研制度性贯通。主要体现在推荐免试的比例上,推荐免试即通常所说的保送。哲学专业的推荐免试比例一般都是比较高的,例如,南京大学哲学专业学生的推荐免试比例一般都在50%以上,"强基计划"和"拔尖计划"学生的推荐免试比例会更高。当然,这客观上也增加了部分考研学生的难度。这是因为,一方面,知名高校本校的推荐免试比例偏高;另一方面,其他高校具有推荐免试资格的学生也倾向于推荐免试到知名高校。尽管对那些办学历史悠久的哲学系来说,其研究生招生指标并不少,但考虑到排名靠前的高校、排名靠前的哲学系,其考研的竞争本来就很激烈,在这种情况下,推荐免试生数量的增加,确实进一步增加了考研竞争的激烈程度。第二,本研培养模式的贯通。主要体现在许多哲学系都加大了本科生的项目制和导师制培养力度,甚至允许学生在大学四年级时提前选定研究生导师,直接开始研究生阶段的培养,使得本研贯通,呈现出"3+1+X"的培养模式。第三,本研学分认定的贯通。为了提高学生的培养效率,许多高校都出台了本研贯通课程的相关方案。例如,南京大学哲学系专门选出硕士、博士研究生课程中的部分精品课程,面向本科生开放,本科生在修读这类课程后所得学分,既可以用于本科阶段,也可以用于研究生阶段。本研贯通的培养模式,是基础学科拔尖和创新人才培养的一种有益尝试。

▶▶学了哲学能做什么

学以成人
——第24届世界哲学大会主题

其实,向哲学提出这个问题本身就是不合适的,正如前文所言,哲学之用从来就不是功利之用。恰如冯友兰先生所言:"学哲学的目的,是使人作为人能够成为人,而不是成为某种人。其他的学习(不是学哲学)是使人能够成为某种人,即有一定职业的人。"这句话的意思是说,哲学教给人的是人之为人所应该具有的品格、道德,而非具体的谋生手段。也正是在此意义上,2018年,第24届世界哲学大会选定了"学以成人"的主题。

当然,并非所有学哲学的学生最后都走向研究哲学的专业道路,必定有部分学生还是会走向其他就业岗位的。那么,哲学专业的毕业生都走向了什么岗位呢?

➡➡哲学毕业生都去哪了?

事实上,因为哲学专业推荐免试比例比较高,再加上部分学生申请出国、考研,这就使得直接就业学生的比例并不是特别高。例如,南京大学哲学系2020届本科生(2016年入学的学生),升学率为68.18%,求职签约率为31.82%,总体就业率为100%;2020年,受新冠疫情影响,本科毕业生中并未有人选择出国,但同年硕士毕业生出国率为16.95%,2019届本科毕业生出国率为20%,均

保持了比较高的比例。选择出国的学生，均前往国际知名高校哲学及相关专业深造。近几年来本科毕业生出国留学比较多的高校有剑桥大学、哥伦比亚大学、约翰斯·霍普金斯大学、宾夕法尼亚大学、东京大学、伦敦政治经济学院、伦敦大学学院、伦敦国王学院、爱丁堡大学、鲁汶大学等。考研的高校主要有北京大学、清华大学、复旦大学、南京大学等。

从最终的职业分布来看，哲学系毕业生（包括硕士、博士毕业生）的去向主要有大学、科研机构、政府机关以及各类企事业单位。在大学和科研机构中，哲学专业毕业生主要从事理论研究和专业教学工作，也有部分毕业生从事行政管理工作。在政府机关中，哲学专业毕业生以其扎实的理论功底深受欢迎。许多著名企业如华为、百度等都有哲学系毕业生的身影。

➡➡**意想不到的哲学专业毕业生**

哲学专业的毕业生在各行各业都有着优异的表现，事实上，许多知名人物都是学哲学的，我们可以列举一二。

科沃斯是国内智能家庭服务机器人制造行业的龙头企业，该企业的董事长钱东奇先生是南京大学哲学系的硕士毕业生，其专业为科学技术哲学。钱东奇在攻读硕士研究生期间的研究课题涉及哲学和物理学。在钱东奇看来，哲学和物理学的学习对于其将来的发展起到了关键作用。钱东奇在回访母校时说:"哲学让我可以仰望星空,物理学让我脚踏实地。"为什么这么说呢?在他看来,企业首先需要解决两件事情:第一件是认定什么是正确的事情,第二件是把正确的事情做对。也就是说,以正确的方式去完成自己认为正确的事情。他解决第一件事情靠的是哲学,因为哲学总是在进行着"更宽泛的、跨度更大的"思考,这种方法论指导着他在恰当的时间做出了一系列正确的战略性决策;他解决第二件事情靠的是物理学,在把每一次决策落地的过程中,他坚持以商业数据为基础设计方案,这就像物理学做实验靠数据说话一样。

"假如你无所执着,外界之事物就会自己显露。动如水,静如镜,反应如回响。""清空你的杯子,方可再行注满;成为虚空以求整全。""知识受时间的局限,但求知却能够持续不断。知识始于一个源头,由累积而言,由结论而来,而求知则是一种活动。""欲自由自在地表达自己,你必须让昨日的一切死去。从'过去'之中,你可获得安全感,但从'新事'之中,你可获得流动。"如果不告诉你这些话是谁说的,你很可能会认为这是某位哲学家的至理名言。事实上,这是李小龙说的。李小龙也是哲学出身的一位传奇人物。1961年,李小龙进入华盛顿大学学习哲学。李小龙的哲学学习没有停留于哲学本身,就像其武术技艺同样不停留于技艺本身一样,他开始将哲学和武术结合起来。这种结合不仅在于让哲学赋予武术以精神,即对武术之目的的阐发,而且在于将哲学深入到武术

的内涵之中。

许多重要的政治人物也是哲学专业毕业的,例如,现任法国总统马克龙曾在巴黎第十大学、巴黎政治学院、法国国家行政学院求学,他在巴黎第十大学获得了哲学硕士学位。马克龙很早就对哲学产生了兴趣,最初只是凭借喜好进行阅读,进入大学预科班之后,开始了正规的哲学学习。最早对其产生影响的哲学家有康德、亚里士多德、笛卡儿,后来是黑格尔。在法国当代哲学家艾蒂安·巴利巴尔的影响下,马克龙开始研究马基雅维利。在遇到哲学家保罗·利科之后,马克龙自言几乎又从零开始学习哲学。在谈到哲学的作用时,马克龙说:"哲学有助于建构。哲学能够赋予意义,不然的话,行动只是稀里糊涂的言行举止而已。"当然,哲学既然教给人的是人之为人的最根本的东西,那么可以说,它存在于现实之中,却又超脱于现实。因为现实中很难直接找到哲学,但现实却能深层次体现哲学。在此意义上,马克龙说,政治空间就在于哲学与现实之间,"必须接受在一种包含杂质的中间区域生活"。正是对哲学和政治的这种理解,使他得以"成人"。

➡➡哲以成人

哲学一直都是一个非常重要的学科。有时某些人认为哲学不重要,只是因为他尚未理解哲学,尚未认识到哲学的重要性。二十年前,在本科生中,偶有其他专业的学生找哲学专业的学生交流哲学，但这类学生并不多见；而到了博士阶段，其他专业的博士生一听说是哲学系的，会拉着你讨论很多的哲学问题。因为不同学科都会对一些共性问题展开思考，而在对这些共性问题的思考中，哲学的深刻性无疑会为其他学科的思考提供非常有力的洞见。工程管理学院专攻计算机相关问题的一位博士生，经常会找作者讨论本体论的问题，因为他的研究涉及了这个方面。时至今日，情况已经发生了变化，不仅非哲学专业的许多博士生仍然保持着对哲学的兴趣，许多本科生也对哲学非常感兴趣，甚至每年都有其他专业的学生申请转入哲学专业。

所谓热门专业，往往是指在社会上存在着相应职业的专业，就如软件工程专业对应着软件工程师等职业一样。然而，既然哲学总是"让人成为人，而不是成为某种人"，也就是说，它并不直接对应于某种职业，而只是引导人如何认识世界、认识社会甚至认识人自身。在此意义上，它为我们提供的是世界观、人生观、价值观的教育。这种教育是无形的，尽管它可以体现在有形的现实生活之中。学哲学，必须要理解哲学的真谛；用哲学，同样需要理解哲学的真谛。做到了这一点，找到一份好的工作虽然不是哲学专业学习的目标，但却可以成为哲学学习的自然而然的结果。

参考文献

[1] 马克思,恩格斯.马克思恩格斯文集:第八卷[M].中共中央马克思恩格斯列宁斯大林著作编译局,编译.北京:人民出版社,2009.

[2] 黑格尔.哲学史讲演录:第一卷[M].贺麟,王太庆,译.北京:商务印书馆,1959.

[3] 马克思,恩格斯.马克思恩格斯选集:第一卷[M].中共中央马克思恩格斯列宁斯大林著作编译局,编译.北京:人民出版社,2012.

[4] 莱布尼茨.中国近事:为了照亮我们这个时代的历史[M].梅谦立,杨保筠,译.郑州:大象出版社,2005.

[5] 爱因斯坦.爱因斯坦文集:第一卷[M].许良英,李宝恒,赵中立,等,编译.北京:商务印书馆,2013.

[6] 黑格尔.小逻辑[M].贺麟,译.北京:商务印书馆,2019.

[7] 教育部高等学校教学指导委员会.普通高等学校本

科专业类教学质量国家标准[M].北京:高等教育出版社,2018.

[8] 冯友兰.中国哲学简史[M].涂又光,译.北京:中国画报出版社,2020.

[9] 李小龙.截拳道之道[M].杜子心,罗振光,译.北京:北京联合出版公司,2014.

[10] 埃马纽埃尔·马克龙.重塑法国:法国总统马克龙访谈录[M].钱培鑫,译.上海:上海译文出版社,2020.

[11] AUDI R. The Cambridge dictionary of philosophy[M]. Cambridge:Cambridge University Press 1999.

[12] BAGGINI J. How the world thinks:a global history of philosophy[M]. London:Granta Books,2018.

[13] VAUGHN L. Living Philosophy:A Historical Introduction to Philosophical Ideas[M]. 3rd ed. New York:Oxford University Press,2020.

[14] WARBURTON N. A little history of philosophy[M]. New Haven:Yale University Press,2012.

"走进大学"丛书拟出版书目

什么是机械？	邓宗全	中国工程院院士 哈尔滨工业大学机电工程学院教授（作序）
	王德伦	大连理工大学机械工程学院教授 全国机械原理教学研究会理事长
什么是材料？	赵　杰	大连理工大学材料科学与工程学院教授 宝钢教育奖优秀教师奖获得者
什么是能源动力？		
	尹洪超	大连理工大学能源与动力学院教授
什么是电气？	王淑娟	哈尔滨工业大学电气工程及自动化学院院长、教授 国家级教学名师
	聂秋月	哈尔滨工业大学电气工程及自动化学院副院长、教授
什么是电子信息？		
	殷福亮	大连理工大学信息与通信工程学院教授 入选教育部"跨世纪优秀人才支持计划"
什么是自动化？	王　伟	大连理工大学控制科学与工程学院教授 国家杰出青年科学基金获得者（主审）
	王宏伟	大连理工大学控制科学与工程学院教授
	王　东	大连理工大学控制科学与工程学院教授
	夏　浩	大连理工大学控制科学与工程学院院长、教授
什么是计算机？	嵩　天	北京理工大学网络空间安全学院副院长、教授 北京市青年教学名师
什么是土木工程？	李宏男	大连理工大学土木工程学院教授 教育部"长江学者"特聘教授 国家杰出青年科学基金获得者 国家级有突出贡献的中青年科技专家

什么是水利？	张 弛	大连理工大学建设工程学部部长、教授
		教育部"长江学者"特聘教授
		国家杰出青年科学基金获得者
什么是化学工程？		
	贺高红	大连理工大学化工学院教授
		教育部"长江学者"特聘教授
		国家杰出青年科学基金获得者
	李祥村	大连理工大学化工学院副教授
什么是地质？	殷长春	吉林大学地球探测科学与技术学院教授（作序）
	曾 勇	中国矿业大学资源与地球科学学院教授
		首届国家级普通高校教学名师
	刘志新	中国矿业大学资源与地球科学学院副院长、教授
什么是矿业？	万志军	中国矿业大学矿业工程学院副院长、教授
		入选教育部"新世纪优秀人才支持计划"
什么是纺织？	伏广伟	中国纺织工程学会理事长（作序）
	郑来久	大连工业大学纺织与材料工程学院二级教授
		中国纺织学术带头人
什么是轻工？	石 碧	中国工程院院士
		四川大学轻纺与食品学院教授（作序）
	平清伟	大连工业大学轻工与化学工程学院教授
什么是交通运输？		
	赵胜川	大连理工大学交通运输学院教授
		日本东京大学工学部 Fellow
什么是海洋工程？		
	柳淑学	大连理工大学水利工程学院研究员
		入选教育部"新世纪优秀人才支持计划"
	李金宣	大连理工大学水利工程学院副教授
什么是航空航天？		
	万志强	北京航空航天大学航空科学与工程学院副院长、教授
		北京市青年教学名师
	杨 超	北京航空航天大学航空科学与工程学院教授
		入选教育部"新世纪优秀人才支持计划"
		北京市教学名师

什么是环境科学与工程?
    陈景文 大连理工大学环境学院教授
        教育部"长江学者"特聘教授
        国家杰出青年科学基金获得者

什么是生物医学工程?
    万遂人 东南大学生物科学与医学工程学院教授
        中国生物医学工程学会副理事长(作序)
    邱天爽 大连理工大学生物医学工程学院教授
        宝钢教育奖优秀教师奖获得者
    刘 蓉 大连理工大学生物医学工程学院副教授
    齐莉萍 大连理工大学生物医学工程学院副教授

什么是食品科学与工程?
    朱蓓薇 中国工程院院士
        大连工业大学食品学院教授

什么是建筑? 齐 康 中国科学院院士
        东南大学建筑研究所所长、教授(作序)
    唐 建 大连理工大学建筑与艺术学院院长、教授
        国家一级注册建筑师

什么是生物工程?
    贾凌云 大连理工大学生物工程学院院长、教授
        入选教育部"新世纪优秀人才支持计划"
    袁文杰 大连理工大学生物工程学院副院长、副教授

什么是农学? 陈温福 中国工程院院士
        沈阳农业大学农学院教授(作序)
    于海秋 沈阳农业大学农学院院长、教授
    周宇飞 沈阳农业大学农学院副教授
    徐正进 沈阳农业大学农学院教授

什么是医学? 任守双 哈尔滨医科大学马克思主义学院教授

什么是数学? 李海涛 山东师范大学数学与统计学院教授
    赵国栋 山东师范大学数学与统计学院副教授

什么是物理学? 孙 平 山东师范大学物理与电子科学学院教授
    李 健 山东师范大学物理与电子科学学院教授

什么是化学？	陶胜洋	大连理工大学化工学院副院长、教授
	王玉超	大连理工大学化工学院副教授
	张利静	大连理工大学化工学院副教授
什么是力学？	郭　旭	大连理工大学工程力学系主任、教授
		教育部"长江学者"特聘教授
		国家杰出青年科学基金获得者
	杨迪雄	大连理工大学工程力学系教授
	郑勇刚	大连理工大学工程力学系副主任、教授
什么是心理学？	李　焰	清华大学学生心理发展指导中心主任、教授（主审）
	于　晶	辽宁师范大学教授
什么是哲学？	林德宏	南京大学哲学系教授
		南京大学人文社会科学荣誉资深教授
	刘　鹏	南京大学哲学系副主任、副教授
什么是经济学？	原毅军	大连理工大学经济管理学院教授
什么是社会学？	张建明	中国人民大学党委原常务副书记、教授（作序）
	陈劲松	中国人民大学社会与人口学院教授
	仲婧然	中国人民大学社会与人口学院博士研究生
	陈含章	中国人民大学社会与人口学院硕士研究生
		全国心理咨询师（三级）、全国人力资源师（三级）
什么是民族学？	南文渊	大连民族大学东北少数民族研究院教授
什么是教育学？	孙阳春	大连理工大学高等教育研究院教授
	林　杰	大连理工大学高等教育研究院副教授
什么是新闻传播学？		
	陈力丹	中国人民大学新闻学院荣誉一级教授
		中国社会科学院高级职称评定委员
	陈俊妮	中央民族大学新闻与传播学院副教授
什么是管理学？	齐丽云	大连理工大学经济管理学院副教授
	汪克夷	大连理工大学经济管理学院教授
什么是艺术学？	陈晓春	中国传媒大学艺术研究院教授